대장금의
궁중상차림

대장금의 궁중상차림

한림출판사

드라마 〈대장금〉을 위해 재현한 궁중 주방의 모습

책을 펴내며

식문화는 한 국가의 정체성과 문화를 알리는 대표적인 매개체이자 국가 브랜드 가치를 높이는 소중한 국가 자산입니다. 우리에게는 우리의 역사만큼이나 길고 다양한 음식, 즉 한식의 역사가 있습니다.

최근 들어 한류가 세계적으로 확산되고 김장 문화가 유네스코 세계문화유산에 등록되는 등 우리 문화가 세계적으로 주목을 받으면서 더불어 우리의 음식인 한식과 한식의 역사에 대한 관심도 크게 증가하는 추세입니다.

한식진흥원은 이러한 시대적 추세를 반영하고 우리 음식 문화의 본체를 규명하기 위해 역사적 사실을 토대로 음식 문화를 발굴하고 이를 복원하여 현대 한식의 콘텐츠로 재생시키는 한국 음식 원형복원사업을 추진하고 있습니다.

한식 원형의 발굴은 고문헌과 풍속화 등을 중심으로 진행되어 왔는데 이번에는 10여 년 전 한류 열풍을 일으켰던 드라마 〈대장금〉 속 궁중 음식을 주제로 조선 시대 궁중 음식의 이야기를 풀어보고자 합니다.

이번에 내놓은 『대장금의 궁중상차림』은 궁중 음식 조리법 70여 가지와 음식에 얽힌 철학과 문화적 스토리를 소개하고, 한국인뿐 아니라 외국인도 쉽게 따라 할 수 있도록 간단한 조리법과 현대적인 담음새 등을 소개합니다.

『대장금의 궁중상차림』을 통해 고급 한국 음식의 대표인 궁중 음식을 좀 더 친근하게 느끼고 요리해 보며 당시의 음식과 한식 문화를 이해하는 시간을 가져보시기 바랍니다.

아울러 한식진흥원은 한식진흥원 홈페이지(www.hansik.or.kr)를 통하여 이번에 발간되는 『대장금의 궁중상차림』은 물론 그동안 한식과 관련하여 구축한 다양한 한식 콘텐츠를 일반인에게 제공합니다. 끝으로 이 책이 나오기까지 애써주신 사)궁중음식연구원 연구진과 집필진 여러분의 노고에 감사의 말씀을 드리며 『대장금의 궁중상차림』을 통해 독자 여러분이 한식의 역사에 한 발짝 다가서는 계기가 되기를 기대해 봅니다.

2015년 4월

한식진흥원 이사장

Contents

드라마 〈대장금〉과
궁중음식

『조선왕조실록』에 나타난 한 여성의 이름

조선 임금의 재위 기간 동안 있었던 중요 사건을 정리한 편년체 기록인 『조선왕조실록(朝鮮王朝實錄)』의 중종(1488~1544) 실록에는 '장금'이라는 이름이 반복해서 등장한다.

"내가 여러달 병을 앓다가 이제야 거의 회복이 되었다. 약방 제조와 의원들에게 상을 주지 않을 수 없다. (중략) 의녀(醫女) 대장금(大長今)과 계금(戒今)에게는 쌀과 콩을 각각 15석씩, 관목면(官木綿)과 정포(正布)를 각기 10필씩 내리고, 탕약 사령 등에게는 각기 차등 있게 상을 내리라."

중종 10년 실록에는 왕비의 병을 제대로 치료하지 못한

『조선왕조실록』 중종대왕 실록을 보면 대장금이 실존 인물임을 알 수 있다.

것을 빌미로 신하들이 장금에게 벌을 줄 것을 요청하나 중종이 허락하지 않았다고 되어 있다.

"내산이 전의 일을 아뢰고 또 이뢰기를 '의녀인 장금(長今)의 죄는 하종해보다도 심합니다. 산후에 의대(衣襨)를 개어(改御)하실 때에 계청하여 중지하였으면 어찌 대고에 이르렀겠습니까? 형조가 조율(照律)할 때에 정률(正律)을 적용하지 않고 또 명하여 장형을 속바치게 하니 매우 미편합니다.' 하였으나 모두 윤허하지 않았다."

책 속의 인물이 드라마로 되살아나다

『조선왕조실록』에 따르면 이 '대장금'이라는 여성은 오랜 기간 궁에서 일하며 여성의 지위가 매우 낮았던 조선시대로서는 이례적으로 높은 위치에 올랐으며, 왕의 신임을 받았던 것으로 추측된다. 그러나 '대장금'의 본명이나 출생에 관한 자료는 일체 찾을 수가 없다.

드라마 〈대장금〉의 제작진과 작가는 이 점에 주목하여 '대장금'이라는 젊은 여성이 궁중을 무대로 활약하며 성장하는 드라마를 기획하게 되었다. 〈대장금〉 이전에는 궁중을 배경으로 한 사극에 등장하는 여성들은 대체로 왕을 유혹하여 권세를 손에 넣으려는 요부와 같은 이미지로만 그려졌기 때문에 이와 같은 캐릭터 설정은 많은 시청자들의 호응을 받았다.

한편 조선에는 '의식동원(醫食同源)', 즉 몸을 치료하는 것과 식사를 잘하는 것은 다르지 않다는 사상이 있었다. 따라서 왕실의 의약을 전담하던 기관인 내의원에서는 약만 조제하는 것이 아니라 임금의 식단을 관리하는 업무도 맡았다. 음식과 약이 다르지 않다는 생각의 바탕에는 '음양오행(陰陽五行)' 사상이 자리잡고 있어, 이는 사물의 근본인 물(水), 불(火), 나무(木), 쇠(金), 흙(土)의 다섯 가지 원소가 짠맛, 단맛, 신맛, 매운맛, 쓴맛의 오미(五味)나 황, 청, 적, 백, 흑의 오색과 상응하므로 오식에도 오색과 오미를 활용해야 먹는 사람의 건강에 좋은 영향을 끼칠 수 있다는 믿음이었다.

이러한 근거에 힘입어, 줄거리에 흥미 요소를 더하기

위해 드라마 〈대장금〉 제작진은 주인공 장금이 의녀가 되기 전 궁중의 조리사인 주방나인으로서 먼저 일했을 것이라는 설정을 세워, 어린 소녀가 궁에 들어와 조리를 배우며 조리사로 성장하는 과정을 묘사하는 데 드라마의 전반부를 할애했다.

드라마의 주인공이 된 요리들

드라마 〈대장금〉에는 수많은 궁중음식이 등장하는데, 드라마에 사실감을 더하기 위해 무형문화재 조선 왕조 궁중 음식 기능보유자 한복려 선생이 이 드라마에 등장하는 궁중 음식에 관한 고증과 음식 제작을 맡았다. 음식 고증에 있어 제일 큰 장애물이었던 것은 드라마의 배경이 된 중종 시기의 궁중 음식에 관한 기록이 거의 없어 음식을 재현해 내는 것이 쉽지 않았다는 점이었다. 한복려 선생은 마지막 주방상궁이었던 한희순 상궁이 전해준 궁중 음식 조리법을 바탕으로 의궤의 기록, 의관이었던 전순의(全循義)가 쓴 『산가요록(山家要錄)』(1450), 안동 장씨 부인이 한글로 쓴 조리서인 『음식디미방(飮食知味方)』(1670) 등의 옛 음식 관련 고문헌을 참조하여 〈대장금〉에 등장하는 음식을 탄생시킬 수 있었다.

당시의 요리는 지금과는 많이 달랐다. 먼저 당근이나 양파와 같이 현대의 조리에서는 빠져서는 안될 식재료

로 여겨지는 것들이 그때에는 존재하지 않았다. 조리법도 끓이거나 찌는 게 대부분이라 음식의 색감이 화려하지 않았으므로 이렇게 만든 요리를 화면상에서 맛있게 보이도록 하는 것도 보통 일이 아니었다. =반면 곰 발바닥이나 고래고기 같이 당시 임금에게 자주 진상되던 진귀한 재료는 구하는 것도 어려웠다. 곰 발바닥 같은 경우는 하는 수 없이 껍데기가 붙어 있는 돼지 삼겹살로, 고래고기는 질감이 비슷한 쇠고기로 대신할 수밖에 없었다.

재료나 조리법 외에도 또 하나의 어려움이 있었다. 한국 드라마는 작가가 대본을 쓰는 것과 촬영이 거의 동시에 이루어지는 것이 일반적으로, 그렇게 제작이 끝난 드라마는 바로 다음 날 방영되는 것이 보통이다. 〈대장금〉의 경우에도 방송은 매주 월·화요일이었는데 대본은 그 전 주 일요일에야 완성되곤 하였다. 따라서 매번 시간에 쫓기며 고증에 맞지 않는 부분이 없는지를 우선 체크하고 음식을 준비하면 그 뒤 제작진은 철야로 촬영을 진행하는 식으로 제작이 진행될 수밖에 없었다.

이처럼 짧은 시간 안에 필요한 음식들을 만드는 것이 드라마에 들어가는 음식 제작에 있어 가장 중요한 문제였다. 매회 다 만든 완성품의 모습만이 요구되는 것이 아니었으므로 어려움은 한층 더 컸다. 가령 음식을 만드는 장면이 대본에 나오는 경우는 완성된 요리 외

에, 반쯤 만들어진 요리, 막 만들기 시작한 요리 등도 모두 따로 준비해야만 했다. 왕이 수라상을 받는 장면이 나오는 경우라면 준비해야 하는 음식들의 종류가 15가지 정도 늘어났다. 잔치 장면이라도 나오는 경우에는 100가지 이상의 음식을 준비해야 했다.

음식을 다루는 드라마이니만큼 조리해야 하는 음식의 양도 엄청났다. 드라마 전체를 통틀어 등장한 음식의 품수는 무려 총 1600개에 달했다.

〈대장금〉의 인기

그렇게 만들어진 〈대장금〉은 2003년 가을에 방영이 시작되었다. 방영 당시 〈대장금〉의 엄청난 인기에 힘입어 주연 배우 이영애는 단번에 한류스타로 자리잡게 된다.

〈대장금〉은 일본과 중국 등 전세계 60여 개 국에 수출되어 큰 인기를 끌며 한국과 한국 음식에 대한 관심을 고조시켰다. 특히 홍콩에서는 시청률 47%, 이란에서는 70%를 달성하는 대기록을 달성하였다. 한 연구는 〈대장금〉의 직접적인 경제효과는 총 464억원, 생산유발효과는 1,119억원, 부가가치 유발효과는 387억원 등으로 추산하기도 하였다.

이 책의 기획 의도

이 책은 드라마 〈대장금〉을 보고서 한국의 궁중음식에 관심을 갖게 된 사람들이 드라마의 내용을 떠올리며 한국의 궁중음식과 궁중 문화에 보다 친근하게 접근할 수 있도록 기획되었다. 그러나 〈대장금〉을 보지 못한 독자라 하더라도 단순히 음식의 레시피를 읽는 것에 그치지 않고, 그 음식을 둘러싼 한국의 문화와 이야기들을 함께 접할 수 있도록 구성하였다.

1 궁중 음식,
누가 만들까?

고사리손으로 잣에 솔잎을 끼우는 아기
나인부터, 궁궐의 맛을 지키는 장고를
묵묵히 보살피고 수라를 올리는 상궁에
이르기까지, 궁중 음식은 수많은 이들의
손길을 거친다.

타락죽

퇴선간에 들어간 어린 궁녀가 쏟은 임금의 밤참

" 장금은 동료 생각시들이 고아라고 천대하여 한방에서 쫓아내자, 말리며 따라붙는 친구 연생과 기세 좋게 궁궐 안을 돌아다닌다. 그러던 와중에 둘은 퇴선간에 들게 되고 그곳에서 실수로 임금의 밤참으로 만들어 놓은 타락죽을 쏟아 버린다. 그릇에 담겨 있던 하얀 죽은 타락죽. '타락'은 우유를 말하는 것으로 특권 계급과 궁중에서만 먹을 수 있던 보양제였다. 그날따라 몸이 좋지 않던 임금을 위해 특별히 준비한 귀한 음식을 쏟고 만 두 생각시 장금과 연생은 광에 갇히고 궁에서 쫓겨날 위기에 처한다. "

타락죽으로 보는 궁중의 일상식 | 초조반

궁중의 조반 시간은 열 시경이었으니 새벽부터 일어나 허전한 속을 달래기 위해 사이에 음식을 먹었다. 이를 이른 아침에 내는 식사라 하여 초조반이나 자릿조반이라 불렀으며, 보양이 되는 죽이나 응이, 보약을 올렸다. 통상 흰죽·잣죽·깨죽·우유죽·흑임자죽·행인죽이나 대추미음·삼합미음·차조미음을 올렸다.

상차림이 번거롭지 않아야 하니 찬도 간단하였다. 죽찬은 맑은 조치, 마른 찬, 국물김치 정도였다. 맑은 조치는 새우젓으로 간을 맞추기에 젓국조치라고도 불렀다. 이 외에도 굴조치, 무조치, 명란조치, 호박조치 등도 자주 상에 올랐다.

마른 찬으로는 북어포를 보풀려서 무친 북어무침, 북어 보푸라기에 꿀 반죽을 하여 다식판에 박은 포다식과 자반미역볶음, 다시마를 묶어 튀긴 매듭자반 등이 있다.

나박김치

타락죽

애호박두부젓국조치

타락죽

재료 및 분량

쌀 1컵(160g), 물 4컵(800ml), 우유 4컵(800ml),
소금·설탕 기호에 맞게

준비하기

1 쌀을 두 번 씻어 30분 정도 물에 담가 불린 뒤 물기를
  뺀다. 믹서에 불린 쌀과 물 2컵을 넣고 갈아 고운체에
  거른다.
2 우유는 따뜻하게 중탕해 둔다.

만들기

3 냄비에 갈아 놓은 쌀물과 남은 물 2컵을 더한 다음
  중간 불에 나무 주걱으로 저어 가며 죽이 엉길 때까지
  끓인다.
4 죽이 엉기기 시작하면 중탕한 우유를 조금씩 부어
  가며 엉긴 것이 풀어지도록 젓는다.
5 뜨거울 때 그릇에 담고, 소금과 설탕을 따로 곁들여
  먹기 직전에 식성대로 간을 맞춘다.

● 나박김치는 무, 배추를 한입 크기로 네모지고 납작하게
  썰어 소금에 절인 후 물기를 빼고 채썬 파, 마늘, 생강을
  넣고 버무려 고춧가루를 풀어서 거른 심심한 소금물을
  부어 익힌다.

애호박두부젓국조치

재료 및 분량

쇠고기 50g, 물 2½컵(500ml), 소금 ½작은술,
애호박 ½개(150g), 두부 100g, 홍고추 ½개,
실파 2뿌리, 새우젓 1큰술, 참기름 1방울
고기 양념 간장 1작은술, 마늘 ½작은술,
참기름 ½작은술, 후춧가루 약간

준비하기

1 쇠고기를 잘게 썰어 고기 양념으로 무친다.
2 애호박은 0.5cm 두께로 둥글게 썬 후 십자로 썬다.
3 두부는 사방 1cm 크기로 네모지게 썬다.
4 홍고추는 씨를 발라내어 2cm 길이로 채 썰고 실파는
  3cm 길이로 썬다.
5 새우젓은 잘게 다진다.

만들기

6 냄비에 물을 붓고 소금을 넣어 끓인다. 끓어오르면
  양념한 고기를 넣어 맑은 장국을 만든다.
7 끓는 장국에 애호박, 두부, 홍고추를 넣고 건더기가
  떠오를 때까지 끓인다.
8 건더기가 떠오르면 다진 새우젓을 넣어 간을 맞추고
  실파를 넣고 불을 끈 다음 참기름 1방울을 넣는다.

● 새우젓이 없을 때는 소금으로 간을 맞춘다.

애호박과 새우젓

매듭자반

재료 및 분량

마른 다시마 20cm, 잣 2작은술, 통후추 1작은술,
설탕 1작은술, 식용유 2컵(400ml)

준비하기

1 마른 다시마는 젖은 면보로 닦아 눅눅해질 때까지
　싸두었다가 가위를 이용하여 폭 1cm, 길이 10cm
　크기로 자른다.
2 자른 다시마를 한 가닥씩 묶고 매듭 가운데에 잣과
　통후추를 한 알씩 넣은 다음 빠지지 않게 당긴다.
3 모양을 완성한 다시마는 채반에 널어 바람이 잘
　통하는 그늘에서 하루 동안 말린다.

만들기

4 말린 다시마를 180℃의 기름에 튀겨 떠오르면 바로
　건져서 뜨거울 때 설탕을 뿌린다.

북어보푸라기

재료 및 분량

북어포 60g

간장 양념 간장 1작은술, 설탕 1작은술, 깨소금 1작은술,
참기름 2작은술, 후춧가루 약간
소금 양념 소금 ½작은술, 물 1작은술, 설탕 1작은술,
깨소금 1작은술, 참기름 2작은술, 후춧가루 약간
고춧가루 양념 고운 고춧가루 1작은술, 소금 ½작은술,
물 1작은술, 설탕 1작은술, 깨소금 1작은술,
참기름 2작은술

준비하기

1 북어포는 1.5cm 길이로 짧게 잘라 분쇄기에 넣고
　폭신하게 보풀어질 때까지 간다.

만들기

2 세 가지의 색이 다른 양념을 각각 분량대로 섞어 무침
　양념을 만든다.
3 보풀린 북어를 3등분 하여 각각의 양념으로 무친다.
4 삼색의 북어보푸라기를 그릇에 함께 담는다.

북어보푸라기

매듭자반

내의원에서 만드는 타락죽

『사제첩(麝臍帖)』 중 '채유(採乳)' (조영석, 1726년경). 내의원 의관 또는 사옹원 소속의 관원으로 보이는 갓을 쓴 남자가 소의 생 우유를 짜는 모습이 그려 있다.

조선시대 왕의 보양식

'타락'은 우유를 일컫는 말로, 조선 시대에는 우유 제품을 통틀어 타락이라 불렀다. 우유로 만든 타락죽은 조선 시대에는 궁중과 양반 계층 사이에서 즐겨 먹던 보양식이었다.

지금은 우유를 누구나 쉽게 구할 수 있지만, 조선 시대에는 아무나 사용할 수 없는 귀한 식재료로 임금이 신기가 안 좋거나 병이 나면 특별히 약처럼 사용되기도 하였다. 왕실에서 사용되던 우유는 지금의 종로구 창신동 지역인 낙산(駱山)의 목장에서 공급하였다.

『조선왕조실록』에는 우유와 타락죽에 대한 기록이 여러 차례 등장하는데, 특히 인종 2년(1545) 2월 10일에는 "상의 옥체가 몹시 쇠약하고 몹시

손상되시어 약으로 고칠 수 있는 것이 아닙니다. 심열(心熱)이 이미 일어났는데 다른 증세가 또 일어날까 염려스러워 신들은 몹시 민망함을 견디지 못하겠습니다. 전에 아뢴 타락(駝酪)을 이제는 반드시 드셔야 하겠습니다."와 같은 기록이 나타나는 등 조선 시대 왕들의 보양식으로 널리 활용되었음을 알 수 있다.

조선 시대 왕실에 필요한 약의 조제를 도맡았던 내의원은 보양의 기능을 하는 탕류·입맛을 돋우는 장류를 직접 제조하기도 하였는데, 우유로 만든 타락죽 역시 소주방이 아니라 내의원에서 처방에 따라 직접 만들어 임금께 올렸다.

또한 타락죽은 왕이 왕족이나 나이 든 대신들에게 내리는 하사품 역할을 하기도 하였다. 『동국

드라마 〈대장금〉에서 장금이가 쑨 타락죽.

고종 말년에 전해지는 이야기에 의하면 별궁에 별입시(절차 없이 임금을 사사로이 뵙는 일)하여 임금과 하룻밤을 지내고 나온 의녀를 분락기(分駱妓)라는 은어로 불렀다고 한다. 임금과 함께 하룻밤을 지내고, 초조반으로 들어온 타락죽을 임금과 나누어 먹은 약방기생이라는 뜻이다.

세시기(東國歲時記)』에는 "내의원에서는 10월 삭일부터 정월에 이르기까지 우유락을 만들어 국왕에게 진상하고, 또 기로소(耆老所)에 보내 기신(耆臣)에게 나누어 주었다."는 기록이 나온다. 기로소란 태조 3년에 개국 공신들의 말년을 대우해 주기 위해 만든 일종의 명예 기구로 여기에는 70세가 넘는 정2품 이상을 역임한 문관 출

신만 들어갈 수 있었다. 조선 시대 겨울의 시작으로 여겼던 음력 10월부터 보양식인 타락죽을 나누어 주어 노인들이 추운 겨울을 잘 보낼 수 있도록 배려한 것이다.

궁중여인을 보살피는 의녀

내의원은 궁중 전속 의료 기관으로 궁에 상주하면서 왕을 비롯한 왕실 가족과 고관들의 치료를 주된 임무로 하는 의원들이 속한 기관이었다. 내의원에서는 당대 최고 수준의 의학 지식을 동원하여 왕의 건강을 돌보고 질병을 치료하였으며, 이러한 지식을 집대성하여 책으로 편찬, 민간 의료에 보급하는 역할을 담당하기도 하였다.

의녀는 하급직에 속하는 궁녀로 지금의 조무사, 간호사, 의사에 해당하는 특수 직무를 수행하였다. 조선 시대 의원은 중인 이상 신분의 사람들은 종사하지 않는 직업이었기에 관비 중에서 차출하였다. 그들에게 간단한 진맥이나 침술법 등 의술을 가르쳐서 의녀로 삼아 비, 빈, 궁녀 등에게 침을 놓아 주고 출산 때는 조산부 역할을 하도록 하였다. 여성이 많고 남녀유별이 엄격했던 궁에서는 궁중의 여자들이 병들었을 경우를 대비하여 의녀의 존재가 반드시 필요하였다.

『경국대전』에 의하면 의녀는 정해진 기간 동안 의술을 가르쳐 내의원 소속으로 두고 나머지는 지방관아로 보냈다고 한다. 예쁘고 나이가 어린 의녀는 궁중 연회에서 춤을 추는 무희(舞姬)로도 나가며, 경우에 따라서는 궁녀들의 비리를 알아내기 위해 몸수색을 하는 수사관 역할을 하기도 했다.

생강을 저어하던 임금마저
사로잡다

생강란

" 장금과 연생이 예기치 않게 임금의 밤참을 쏟은 것을 발견한 후
한 상궁은 급히 구할 수 있는 재료로 밤참을 새로 만들기 시작
한다. 남아 있는 재료라고는 연근과 생강뿐. 어쩔 수 없이 연근
을 갈아 쑤어낸 연근응이와 함께 생강을 곱게 다져 물에 여러
번 헹군 뒤 살짝 데쳐 꿀과 함께 조려낸 생강란을 만들어 낸다.
생강은 임금이 싫어하는 재료라 모든 상궁이 일순간 긴장하였
으나, 공 들인 조리 과정으로 인해 아린 맛이 사라져 맛이 좋다
는 임금의 평에 안도의 한숨을 내쉰다. "

궁중의 다과 | 생강란

생강란은 곱게 다진 생강을 물에 여러 번 헹구어 매운맛을 없애고 꿀을 넣고 조리다가 생강에서 나온 녹말을
넣어 엉기게 한 후 식혀서 모양을 만들어 잣가루에 굴려 내는 과자이다. '강란', '생란'이라고도 한다. 생강에서
나온 생강 녹말, 즉 강분은 매우 귀하게 쓰인 식재료로 생강란뿐 아니라 다식을 만드는 재료로도 사용했다. 강
분으로 만든 다식은 쓴 한약을 마신 후 입가심으로 즐겨 먹었다고 전해진다. 생란의 란(卵)은 알 모양이라는
뜻이다. 생강 말고도 대추, 밤도 곱게 으깨어 같은 방법으로 동그랗게 만들어 먹었는데 조란, 율란이라 부른다.

생강란

재료 및 분량

생강(껍질 벗긴 것) 400g, 물 3컵(600ml),
설탕 200g, 소금 1작은술, 물엿 2큰술,
생강 녹말 30g, 꿀 1큰술, 잣가루 1컵

준비하기

1 생강을 얇게 썰어 물 2컵과 함께 믹서에 넣고 생강이
　다 갈릴 때까지 곱게 간다.

2 생강 간 것을 고운체에 걸러 맑은 물에 여러 번
　헹구어 매운맛을 없애고, 헹군 물은 버리지 말고 큰
　볼에 받아 둔다.

3 받아 둔 생강물은 하얀 생강 녹말이 가라앉을 때까지
　그대로 둔다.

만들기

4 냄비에 생강 건더기와 물 1컵, 설탕, 소금을 넣고
　끓이다가 끓어오르면 물엿을 넣고 불을 줄여 약한
　불에 잼 상태가 되도록 30분 정도 조린다.

5 받아 둔 생강물의 웃물은 따라내고 가라앉은 녹말을
　긁어낸다.

6 생강이 묽은 잼 상태가 되면 생강 녹말을 넣어 잘
　섞이도록 젓고 꿀을 넣어 3분 동안 조린 후 차게
　식힌다.

7 식은 생강을 10g 정도씩 떼어 세 뿔 난 생강 모양으로
　빚어 잣가루를 묻힌다. 손에 설탕물을 묻히면서 하면
　들러붙지 않고 모양을 내기에도 좋다.

● 잣가루는 기름이 흡수되는 종이에 놓고 날이 얇은 칼로
　다지거나 딱딱한 치즈를 가는 도구로 간다.

재료

4　6

2　3

7

음식을 만드는 '소주방' 궁녀들

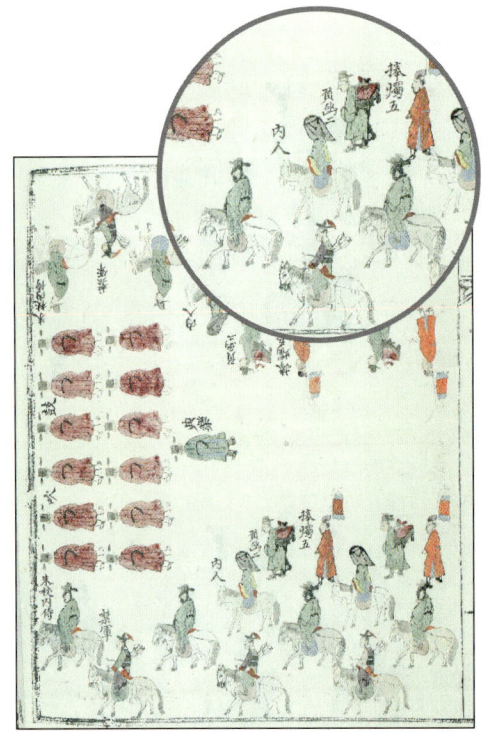

『영조정순왕후 가례도감의궤(英祖貞純王后 嘉禮都監儀軌)』(1759) '반차도'에 나타난 내인과 상궁.

궁녀 이야기

궁녀는 궁중여관(宮中女官)의 줄임말로 정5품의 상궁에서 4~5세의 아기 나인을 통틀어 일컫는다. 궁녀는 지밀, 침방, 수방, 세수간, 생과방, 소주방, 세답방에 각각 소속되어 업무를 맡았다. 궁녀의 위계는 크게 상궁(尙宮)과 내인(內人), 즉 나인으로 나눌 수 있다.

궁녀들은 매우 어린 나이에 입궁하는데, 일반적으로 지밀은 4~5세, 침방·수방은 7~8세에 입궁하였다. 지밀이란 침전을 말하며, 지밀을 담당하는 궁녀가 가장 어린 나이에 입궁하는 것

은 왕과 왕비 가까이에서 시중을 들기 위해서는 어려서부터 왕실 문화를 체득할 필요가 있기 때문이었다. 침방과 수방의 궁녀들이 비교적 일찍 입궁하는 것 역시 어릴 때부터 도제식 교육을 통해 숙련된 기술을 갖추어야 했기 때문이다. 음식을 만드는 소주방(燒廚房)이나 빨래를 담당한 세답방(洗踏房), 음료와 과자를 만드는 생과방(生果房), 세숫물과 목욕물을 준비하고 내전의 청소를 담당한 세수간(洗手間) 등에서 일하는 궁녀들은 보통 이보다 늦은 나이에도 입궁할 수 있었다.

이렇게 어린 나이에 입궁한 궁녀들은 생각시라고 불리는데, 처음에는 독신으로 지내는 궁녀들에게 자식처럼 귀여움을 받고 지내다가 7~8세 무렵이 되면 궁인으로의 기본 소양을 쌓는 교육을 받게 되며, 입궁 후 15년이 지나면 계례를 치르고 정식 내인이 된다. 정식내인이 된 후 15년이 되는 35세~45세 무렵에야 비로소 상궁 첩지를 받는다.

궁녀들의 계례는 성년식 내지는 혼인식도 겸하는 의미였다. 임금만을 모시고 평생을 수절하며 사는 인생이기에 원삼·대삼작노리개와 어여머리로 성장하고 윗분께 인사를 드리며, 음식도 본가에서 준비해 와 잔치를 하였다. 계례를 올리고 징식 내인이 되면 방이 주어지는데, 보통 두세 명의 궁녀가 같은 방을 숙소로 사용하며 상궁이 될 때까지 함께 생활하였다.

드라마 〈대장금〉에는 생각시들이 손끝의 감각을 익히기 위해 잣솔 끼우기 연습을 하는 장면이 등장한다. 잣솔은 잣을 솔잎에 하나씩 끼워 놓은 것으로 5개씩 모아 붉은 실로 묶은 후 육포와 함께 안주로 많이 내놓았다. 잣 열매의 뾰족한 끝부분에는 갈색의 고깔이 남아 있는데, 궁중에서는 생각시들에게 이것을 떼고 잣솔 끼우는 연습을 시켜 손의 감각을 기르게 하였다.

탕제와 함께 올린 생강란. 왕이나 왕비, 대비 등께 올리는 탕제는 제조와 어의가 감독하여 지정 의관이 약첩을 만든다. 탕제를 올릴 때는 제조가 기미한 후 약그릇에 담아 작은 종이에 탕제명을 써서 뚜껑에 붙이고 소반에 올린다. 소반 위에는 대추초나 생강란 등 과자를 몇 개 놓고 모시 수건으로 덮는다.

홍시죽순채

홍시 맛이 나서
홍시라 하였을 뿐이오

> 장고마마였던 정 상궁의 최고상궁 등극을 축하하는 연회 자리에 죽순채가 차려지고 절대 미각의 시험문제가 된다. 생각시 신분으로 절대 미각을 자랑하며 상석에 앉아 있던 금영을 의아하게 여긴 정 상궁이 죽순채에 들어간 양념을 맞춰 보게 한 것이다. 금영은 따로 볶은 고기와 표고버섯의 양념까지 거론하며 술술 재료를 읊었으나, 단맛의 비밀인 '홍시'를 못 맞힌다. 그것을 맞힌 것은 장금이었다. 머리가 아닌 혀로 음식맛을 느껴야 한다는 겸허한 자세의 중요성을 알린 장면이다.
>
> 〈대장금〉에서 죽순채 양념의 재료로 홍시를 사용한 것은 드라마의 재미를 위해 고안한 것으로 실제로 궁중에서 홍시를 음식에 사용했던 적은 없다. 당시에는 설탕이 귀한 식재료였음을 감안하여 단맛을 내는 재료인 홍시를 어린 장금이 지닌 미각 센스를 드러내는 소재로 사용하자는 아이디어를 낸 것이다.

채소음식의 조리법 | '채(菜)'

채는 채소를 주재료로 다른 나물이나 고기를 합하고 양념장(겨자장, 초간장, 기름장 등)을 넣어 다시 무쳐 내는 음식을 일컫는다. 이 조리법을 사용한 음식으로는 탕평채, 족채, 잡채, 겨자채, 생채, 어채 등이 있다.

죽순채는 늦은 봄에 나오는 대나무 순으로 봄의 미각을 돋우는 향긋한 음식이다. 죽순을 빗살 모양으로 썰어 볶고 미나리, 숙주, 고추, 고기 등 오색의 재료를 합하여 새콤한 초간장으로 무친다. 간장, 설탕, 식초의 짠맛, 단맛, 신맛의 조화로 만들어지는 상큼함이 일품이다.

홍시죽순채

재료 및 분량

죽순(삶은 것) 200g, 쇠고기(우둔살) 50g,
마른 표고버섯 1개(중), 미나리 50g, 숙주 100g,
홍고추 ⅓개, 달걀 1개, 식용유 2큰술, 소금 1¼작은술

고기 양념 간장 ½큰술, 설탕 1작은술, 다진 파 1작은술,
다진 마늘 ½작은술, 깨소금 ½작은술,
참기름 ½작은술, 후춧가루 약간, 식용유 1작은술

초간장 무침양념 간장 2큰술, 물 2큰술, 식초 2큰술,
설탕 1큰술, 깨소금 2작은술

홍시장 무침양념 홍시즙 4큰술, 식초 2큰술, 설탕 1큰술,
꿀 ½큰술, 소금 약간

준비하기

1 죽순은 반으로 갈라 4~5cm 길이로 자르고 빗살
　모양을 살려 얇게 썰어 물에 여러 번 헹구어 낸 후
　물기를 뺀다.

2 쇠고기는 고운 채로 썰고 마른 표고버섯은 찬물에
　1시간 정도 불려서 채 썬다. 고기와 표고버섯을 합하여
　고기 양념으로 무친다.

3 미나리는 잎을 떼고 끓는 물에 소금 1작은술을 넣고
　30초 동안 데친 다음 찬물에 헹구어 4cm 길이로 살라
　물기를 빼둔다.

4 숙주는 꼬리를 떼고 다듬어서 끓는 물에 1분 동안
　데친 다음 찬물에 헹궈 물기를 빼둔다.

5 홍고추는 씨를 빼고 3~4cm 길이로 채 썬다.

6 달걀은 황백으로 나눠 소금 ¼작은술을 각각 나눠
　넣고 푼 다음 달군 팬에 식용유 1큰술을 두르고
　키친타월로 닦아낸 후 약한 불에 얇게 부쳐서 3~4cm
　길이로 채 썬다.

만들기

7 죽순은 팬에 식용유 1큰술을 두르고 3분 동안 볶아서
　넓은 그릇에 쏟아 식힌다.

8 팬에 식용유 1작은술을 두르고 양념한 고기와
　표고버섯을 중간 불에서 고기가 다 익을 때까지
　볶아서 식힌다.

9 무침 양념을 만든다.
　초간장 양념은 간장에 물, 식초, 설탕, 깨소금을 넣어
　섞는다. 홍시장 양념은 홍시를 체에 내려 즙을 받아
　식초, 설탕, 꿀, 소금을 넣어 섞는다.

10 접시에 죽순을 담고 색을 맞추어 미나리, 숙주,
　고기를 담은 후 달걀지단과 채 썬 고추를 고명으로
　장식하고 무침 양념은 따로 담아낸다.

● 통조림 죽순을 사용해도 좋다.
● 무침 양념은 초간장 양념과 홍시장 양념 중 한 가지만
　사용해도 좋다.

초간장과 홍시장

재료

3~8

홍시

9

궁중 식생활을 보살핀 사옹원과 내시부

생각시와 계례를 치른 상궁.

궁중의 조리인

궁 안에 사는 왕, 왕비, 대왕대비, 세자, 세자빈 등 20여 명 되는 왕족들은 대전, 중궁전 등 독립된 전각에 거주하였다. 각 전에는 궁녀와 내시뿐 아니라 잡일을 하는 천민들이 소속되어 상주하거나 밖에 살면서 궁으로 드나들며 일을 하였다. 궁궐 내 식생활을 총괄하는 부서는 사옹원이다. 사옹원은 왕족들의 일상식인 수라부터 각종 궁중 연회, 수렵 행사, 온천 나들이, 강무 등에 필요한 음식 준비는 물론 궐내에 수시로 출입하는 종친, 관원, 수비하는 군인들에게 음식을 공급하는 일도 도맡았다. 음식 조리는 관원들의 지시를 받아 조리를 전문으로 하는 이들이 전담하였다.

내시부도 사용원의 업무와 긴밀히 연관되어 있었다. 음식을 만들 재료의 수납뿐 아니라 궐내 음식과 관련된 모든 사항을 감독하는 것이 환관들이었기 때문이다. 『경국대전』에서는 내시부의 업무를 '대내(大內)의 감선(監膳), 전명(傳命), 수문(守門), 소제(掃除) 등의 임무를 관장'하는 것으로 규정하고 있는데, 여기서 대내란 궁궐 전체를 가리키지만 내시의 업무는 국왕과 왕비 그리고 세자를 측근에서 모시는 것이 주 임무이므로 주로 대전, 중궁전, 세자전을 둘러싸고 이루어진다고 할 수 있다. 감선이란 식재료의 품질과 조리한 음식의 정결 상태를 검사하는 일을 말한다. 내시부에서 해당 업무를 담당하는 관원은 종2품의 상선(尙膳), 정3품의 상온(尙醞), 정3품의 상다(尙茶)로 내시부에서

가장 높은 위계에 속했다. 내시부의 최고직인 상선(尙膳)은 도설리라고도 하며 궁내에서 음식을 올리는 업무를 총괄하였다. 설리란 말은 원래 몽골어로 궁궐의 대전과 왕비전 또는 세자궁 등에 배치되어 이런저런 관리 업무를 보는 내시를 가리키는데 이들 설리는 각 전에서 사용되는 음식의 감선을 담당하였다.

조선 후기 궁중에서는 평상시 수라상에 올리는 음식을 조리하는 일은 소주방 나인들이 전담했다. 수라간에서 일하는 궁녀는 13세쯤에 입궁하여 윗상궁을 스승처럼 모시며 음식을 배우다가 10~15년이 지나 계례를 치르고 정식 내인이 되면 본격적으로 조리를 하게 된다. 그러므로 대개 40세 전후의 주방 상궁들은 조리 경력이 30년 이상이나 되는 전문 조리인이었다.

죽순은 일찍부터 우리나라에서 많이 먹던 채소로, 제철에는 물론 소금에 절이거나 말려서 저장해두고 먹기도 했다. 궁에는 5월~6월에 생죽순이, 그 다음 달에는 절인 죽순이 진상되었다. 죽순은 다른 제철 식품과 함께 종묘의 조상들에게 먼저 바치는 천신(薦新) 품목이었다.

드라마 〈대장금〉에서 장고마마였던 정 상궁의 최고상궁 등극 축하연 자리. 정 상궁이 죽순채에 들어간 양념이 무엇인지 묻는 질문에 장금이만 홍시 맛이 난다고 말하여 사람들을 깜짝 놀라게 한다.

오랜 시간 장을 다룬
장고마마의 지혜와 실력

맥적과 연저육

"일찍이 권력에 마음이 없어 오랜 시간 장고를 담당하며 유유자적한 삶을 지내왔던 정 상궁. 제조상궁이 자신의 가문을 지키기 위해 적당한 시기가 올 때까지 꼭두각시 역할을 시킬 요량으로 만만하게 보았던 그를 수라간 최고상궁 자리에 천거한다. 그러나 정 상궁은 최고상궁으로서 첫 수라를 올린 자리에서 옛부터 내려오던 비법으로 조리한 맥적으로 임금의 찬사를 듣고, 제조상궁 일가는 불안함을 감추지 못한다. 간장 대신 된장을 푼 물로 양념해 돼지고기의 잡내를 없애는 것이 장고마마의 비법이다."

장 맛 음식 | 맥적(貊炙)

맥적(貊炙)은 간장과 된장을 사용하여 양념한 돼지불고기이다. 과거의 맥적이 현대의 돼지불고기와 다른 점은 빨갛게 양념해서 굽지 않고 된장과 간장을 섞은 양념을 사용한다는 것이다. 고구려 시대에는 주로 사냥한 고기로 음식을 만들어 먹었을 것이라는 점을 감안하면 된장의 사용은 고기의 누린내를 없애고 육질을 연하게 하며 구수한 향을 주는 역할을 하였을 것이다. 이처럼 양념한 고기를 직화로 구워 먹는 전통은 고구려 시대 이래로 우리 민족이 변함없이 즐기는 고기 요리 방식이라고 할 수 있다.

맥적

돼지고기(목살) 400g, 달래 10g, 부추 10g,

마늘 2쪽(10g), 생강(껍질 벗긴 것) 3g, 식용유 2큰술

된장 양념장 된장 1큰술(15g), 물 1큰술, 간장 1큰술,

청주 1큰술, 조청 또는 꿀 1큰술, 설탕 ½큰술,

참기름 ½큰술, 깨소금 ½큰술

준비하기

1 돼지고기는 1cm 두께로 썰어 잔칼질을 한다.

2 달래와 부추를 송송 썬다. 마늘은 굵게 다지고 생강은
   곱게 다진다.

3 된장에 간장과 물을 넣어 묽게 푼 다음 나머지 양념과
   달래, 부추, 마늘을 넣고 된장 양념장을 만든다.

만들기

4 고기에 양념장을 넣고 주물러 30분 정도 재운다.

5 양념이 배면 달군 팬에 식용유 2큰술을 두르고
   굽거나, 그릴에 구워 먹기 좋은 크기로 썬다.

- 고기를 낼 때는 상추 등의 잎채소를 같이 내어 쌈으로
  먹게 하면 좋다.
- 맥적은 된장을 넣어 맛을 내므로 상추에 싸서 먹을 때
  쌈장이 따로 필요 없다.
- 달래가 없을 때는 샬롯이나 양파를 넣어도 좋다.

돼지고기(목살)

3

4

연저육찜

재료 및 분량

돼지고기(통삼겹살) 1kg, 대파 1대, 마늘 10쪽(50g),
생강 1쪽(10g), 건고추 2개(3g), 식용유 5큰술
부재료 두부 300g, 말린 무화과 50g, 대추 5개(25g),
은행 10알(20g), 호두 20g, 아몬드 30g
조림장 간장 1컵(200ml), 물 1컵(200ml),
청주 ¼컵(50ml), 물엿 ½컵(100ml), 설탕 ½컵,
파 50g, 마늘 25g, 생강 30g

준비하기

1 돼지고기는 찬물에 20분 동안 담가 핏물을 뺀 뒤 건져
  대파와 마늘 · 생강 반 분량을 끓는 물 2L에 함께 넣고
  40분 동안 삶는다.
2 두부는 사방 2cm 정사각형으로 썰어 팬에 식용유
  2큰술을 두르고 노릇하게 지진다.
3 말린 무화과는 찬물에 30분 동안 불려 물기를 빼놓고
  대추는 돌려 깎아 씨를 뺀다. 은행은 볶고 호두와
  아몬드는 끓는 물에 5분 동안 데쳐 물기를 빼둔다.

만들기

4 팬에 식용유 3큰술을 두르고 건고추, 남은 마늘과
  생강을 넣어 향을 낸 후 삶은 돼지고기를 넣고 중간
  불에 껍질이 바삭하게 될 때까지 굴리면서 지진다.
5 조림장 재료를 속이 깊은 팬에 담고 중간 불에 재료가
  다 섞일 때까지 10분 정도 끓인다.
6 지져낸 돼지고기를 조림장에 넣어 뒤적이며 30분
  동안 조린 후 준비한 부재료를 넣고 10분 동안 더 조려
  낸다.
7 고기를 썰어 접시에 담고 부재료를 함께 담는다.

재료

부재료

궁중의 장독대

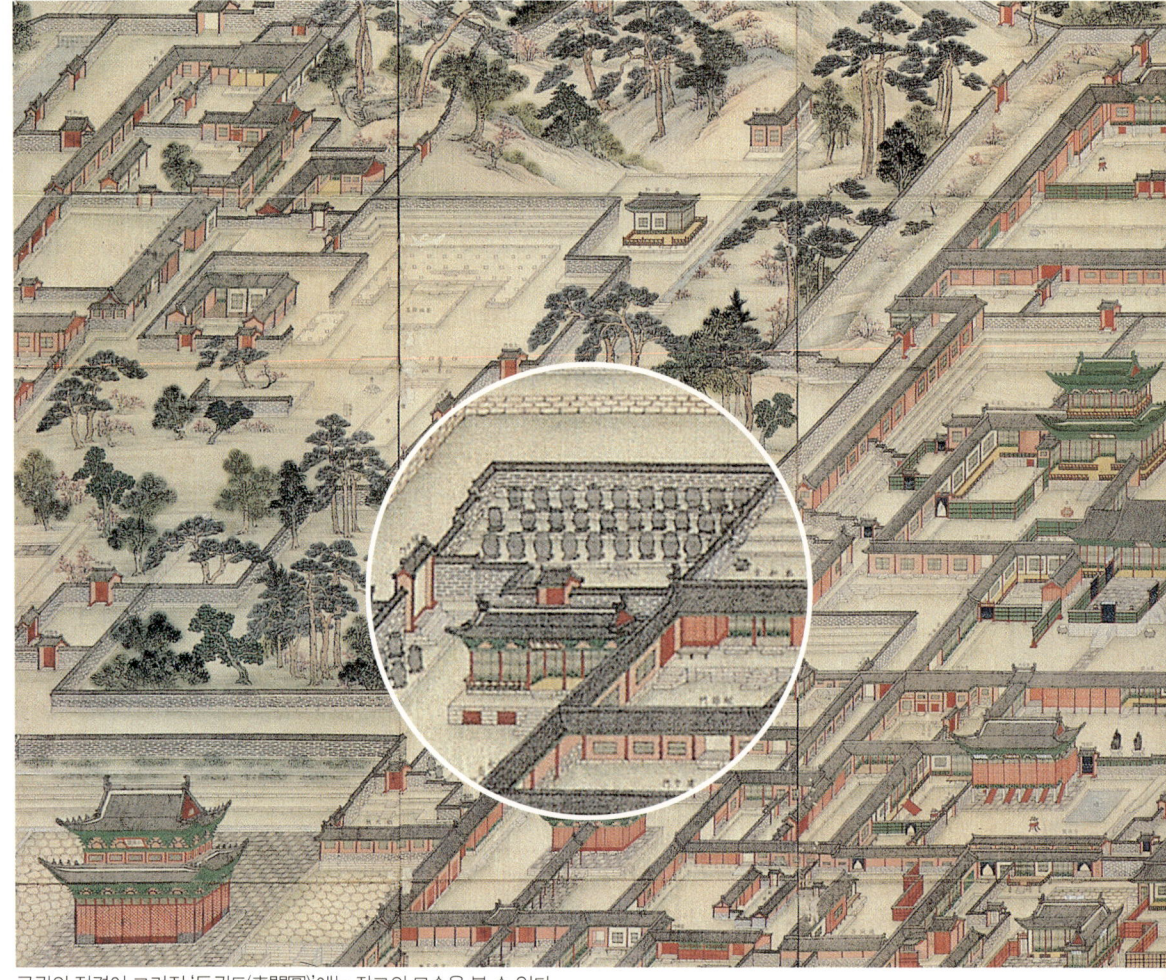

궁궐의 전경이 그려진 '동궐도(東闕圖)'에는 장고의 모습을 볼 수 있다.

장고와 장고마마

민간에서는 장을 저장해 두는 곳을 '장독대', '장광'이라 불렀으나 궁에서는 '장고(醬庫)'라고 불렀다. 그곳에서 장을 관리하는 직분을 맡은 이가 '장고마마'다. 일반적으로 궁이나 큰 절에서는 볕이 좋고 바람이 잘 통하는 곳에 넓은 공간을 마련해 장을 저장하여 놓았다. 또한 주위에는 담을 쳐서 출입문을 만들고 빗장을 지르고 자물쇠를 채워 놓아 함부로 들어가지 못하게 엄중하게 관리하였다. 일반적으로 장고의 크기는 큰 강의실만 하며 바닥에 네모반듯한 바닥돌을 깔고 배가 부르지 않은 새우젓항아리처럼 생긴 말뚝항아리를 나란히 열을 지어 장의 나이 순대로 줄지어 놓았다고 한다. 궁중에서 장을 저장

드라마 〈대장금〉에 등장하는 장고 세트장.

했던 항아리는 유약을 바르지 않아 회색빛을 띠었으며, 테두리가 넓고 독의 키가 1미터가 넘을 정도로 컸다. 조선 후기 동궐이라 불리던 창덕궁과 창경궁의 전각과 궁궐 전경을 조감도 식으로 그린 그림인 '동궐도'를 보면 장고로 보이는 곳이 여러 곳 등장하는데, 이는 궁중의 식생활에서 장의 비중이 매우 컸음을 보여 준다.

장고마마는 생각시를 데리고 장을 담그고 장을 내주는 일을 담당하였다.

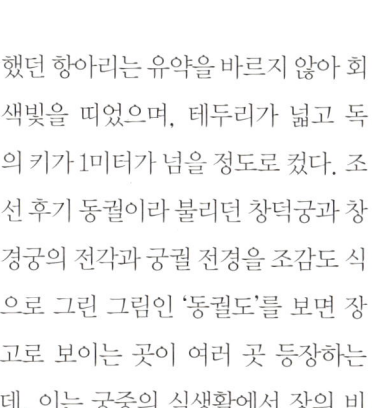

아침 일찍 일어나 몸단장을 정갈하게 한 후 나열해 있는 장항아리들을 깨끗이 닦고 뚜껑을 열어 놓는 일로 하루를 시작하였다. 궁중의 장은 장을 만든 해 순으로 늘어놓고 그대로 묵히는데, 장고마마의 주된 임무는 아침에 장항아리를 열고 줄어든 장을 보충해서 항상 독 전에 찰랑찰랑 채워 두는 것이었으며 이를 위해 간장을 끊임없이 만들어 놓았다. 음식에 쓰거나 햇볕에 증발하여 장이 줄어들면 담근 연수가 적은 독에서 많은 독으로 옮겨 담아 채웠다.

고서에 등장한 고기양념구이의 기원

오늘날 전통적인 양념구이로 생각하는 너비아니나 불고기는 맥적의 조리법에서 기원한 것으로 볼 수 있다. 최남선은 『고사통(故事通)』에서 맥적에 대해 "중국 진(晋)나라 때『수신기(搜神記)』를 보면 '지금 태시(太始) 이래로 이민족의 음식인 강자(羌煮)와 맥적(貊炙)을 매우 귀하게 안다. 그래서 중요한 연회에는 반드시 백석을 내놓는다. 이것은 바로 융적(戎狄)이 쳐들어올 징조이다'라고 경계하였다는 이야기가 있다."라고 한 후 "맥(貊)은 동북에 있는 부여인과 고구려인을 칭한다. 즉 강자(羌煮)는 몽골의 고기 요리이고 맥적(貊炙)은 우리나라 북쪽에서 수렵 생활을 하면서 개발한 고기 구이다."라고 적고 있다.

고려 시대에는 불교가 국교로 되면서 육식이 쇠퇴하였으나 13세기 이후 몽골이 고려를 지배하게 되면서 육식이 다시 활발해지고, 맥적도 몽골인과 회교도가 많이 들어와 살던 개성에서 설하멱(雪下覓)이란 명칭으로 되살아났다.

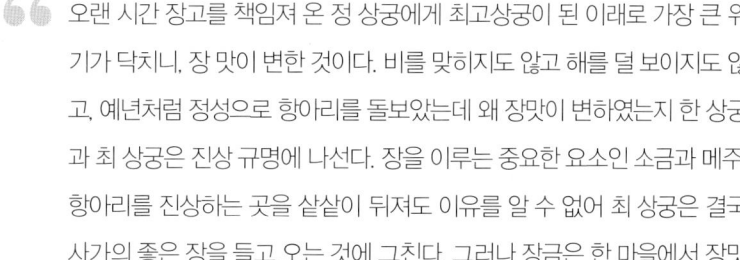

밥과 함께
복을 싸서 드리오

상추쌈차림

> 오랜 시간 장고를 책임져 온 정 상궁에게 최고상궁이 된 이래로 가장 큰 위기가 닥치니, 장 맛이 변한 것이다. 비를 맞히지도 않고 해를 덜 보이지도 않고, 예년처럼 정성으로 항아리를 돌보았는데 왜 장맛이 변하였는지 한 상궁과 최 상궁은 진상 규명에 나선다. 장을 이루는 중요한 요소인 소금과 메주, 항아리를 진상하는 곳을 샅샅이 뒤져도 이유를 알 수 없어 최 상궁은 결국 사가의 좋은 장을 들고 오는 것에 그친다. 그러나 장금은 한 마을에서 장맛이 좋아진다는 이유로 각 집의 항아리를 모아 두는 서낭당을 유심히 관찰하여 꽃가루가 좋은 장맛의 비결이라는 사실을 알아낸다. 장독에 나뭇잎이 들어간다는 항의로 장고 주변의 나무를 전부 베어낸 것이 장맛을 변하게 했던 것이다.

언제나 즐겨먹는 쌈 | 상추쌈

한국인들은 오래전부터 쌈을 즐겨 먹었다. 취, 배추, 생미역, 호박잎, 깻잎, 콩잎이나 대보름날 먹는 피마자 잎 등 잎새가 넓은 푸성귀뿐 아니라 김이나 밀가루 전병을 이용한 쌈을 싸 먹기도 했다. 특히 정월대보름에는 복을 싸서 먹는다는 의미에서 김이나 취에 밥을 싸서 먹는 풍속이 있었다. 『동국세시기』에는 정월대보름에 배추잎과 김으로 밥을 싸서 먹는데 이를 '복쌈(福)'이라고 부른다는 기록이 있다.

절미된장조치

약고추장

병어감정

장똑똑이

보리새우볶음

절미된장조치

재료 및 분량

쇠고기(우둔살 또는 등심) 100g,
표고버섯 2개(50g), 풋고추 2개, 홍고추 1개,
대파 8cm(20g), 된장 2큰술, 물(표고버섯 불린 물) 1컵
고기 양념 국간장 1작은술, 다진 마늘 1작은술,
참기름·후춧가루 약간씩

준비하기

1 쇠고기는 얇게 썰고, 표고버섯은 찬물 1컵에 2시간 동안
　불렸다가 채 썬다. 표고버섯 불린 물은 남겨 둔다.
2 고추와 파를 송송 썬다.

만들기

3 쇠고기와 표고버섯을 고기 양념으로 무쳐 냄비에 담고
　중간 불에 고기가 익을 때까지 볶다가 표고버섯 불린
　물을 붓는다.
4 된장을 덩어리 없이 풀어 넣고 약한 불에 20분 동안
　끓인다.
5 국물이 반쯤 줄면 고추와 대파를 넣고 5분 동안 끓인다.

장똑똑이

재료 및 분량

쇠고기(우둔살) 200g
고기 양념 간장 1큰술,
참기름 1작은술,
후춧가루 약간
조림장 간장 1큰술, 설탕 ½큰술, 후춧가루 약간,
물 ½컵, 대파 3cm(8g), 마늘 1쪽(5g), 생강 1쪽(2g),
꿀 1작은술

준비하기

1 쇠고기는 결대로 0.2~0.3cm 폭으로 가늘게 썬다.
2 대파, 마늘, 생강은 고운 채로 썬다.

만들기

3 채 썬 고기를 고기 양념으로 무친다.
4 냄비에 간장, 설탕, 후춧가루, 물, 마늘, 생강을 넣고
　중간 불에 설탕이 녹을 때까지 끓이다가 양념한
　쇠고기를 넣고 덩어리지지 않도록 풀면서 조린다.
5 국물이 3큰술 정도 남을 만큼 졸아들면 파를 넣고
　꿀을 넣어 저은 후 불을 끈다.

병어감정

재료 및 분량

병어 1마리(300g)
양념 고추장 2큰술, 물 ½컵(100mL),
대파 3cm(8g), 마늘 2쪽(10g), 생강 2쪽(4g), 참기름 ½작은술

준비하기

1 병어의 내장을 꺼내고 말끔히 씻은 후 살만 떠서 길이
　3cm, 폭 1cm의 막대 모양으로 썬다.
2 파, 마늘, 생강은 채 썬다.

만들기

3 냄비에 고추장과 물을 넣고 중간 불에 5분 정도 끓이다가
　손질한 병어를 넣는다.
4 채 썬 양념을 넣고 국물을 끼얹어 가며 병어가 익을
　때까지 조린다. 마지막에 참기름을 넣고 불을 끈다.

약고추장

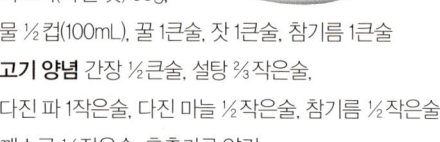

재료 및 분량

고추장 2컵(500g),
쇠고기(다진 것) 50g,
물 ½컵(100mL), 꿀 1큰술, 잣 1큰술, 참기름 1큰술
고기 양념 간장 ½큰술, 설탕 ⅔작은술,
다진 파 1작은술, 다진 마늘 ⅓작은술, 참기름 ½작은술,
깨소금 ½작은술, 후춧가루 약간

만들기

1 다진 쇠고기에 고기 양념을 하여 팬에 담고 중간 불에
  보슬보슬하게 볶는다.
2 냄비에 고추장, 물, 볶은 고기를 넣고 약한 불에
  저으면서 걸쭉해질 때까지 10~15분 정도 볶는다.
3 농도가 알맞게 되면 꿀과 참기름, 잣을 넣고 1분 동안 더
  볶은 뒤 불을 끈다.

응용 쌈장

재료 및 분량

된장 1½컵(300g), 고추장 ¼컵(62g),
두부(으깬 것) ½컵(150g), 다진 마늘 4큰술,
참기름 3큰술, 붉은색 파프리카(다진 것) 50g,
깨소금 4큰술, 푸른색 파프리카(다진 것) 25g,
물 ½컵(100mL)

만들기

1 두부는 으깨고 두 가지 색의 파프리카는 0.5cm 각으로
  썬다.
2 된장에 으깬 두부, 고추장과 물을 넣고 섞은 후 마늘을
  넣고 중간 불에 저으면서 5분 정도 되직해질 때까지
  끓인다. 깨소금, 참기름, 파프리카를 넣고 불을 끈다.

● 된장의 염도에 따라 두부나 삶은 콩 등을 갈아 넣으면 간도
  싱거워지고 고소한 맛도 더 난다. 땅콩, 아몬드, 호두 등의
  견과류도 갈아서 넣을 수 있다.

보리새우볶음

재료 및 분량

마른 보리새우 50g, 식용유 3큰술
양념 간장 ½작은술, 설탕 1큰술,
물엿 1작은술, 물 2큰술, 참기름 1작은술, 통깨 1작은술

준비하기

1 보리새우의 잔가시를 없애기 위해 마른 팬에 담고 자주
  저으면서 수분이 없어질 때까지 볶은 후 마른 면보에
  쏟아 한번 비벼 체에 쳐 가시를 없앤다.

만들기

2 팬에 식용유를 두르고 새우에 기름이 고루 스밀
  때까지 약한 불에 5분 동안 볶아 식힌다.
3 팬에 설탕, 물엿, 물 등을 넣고 약한 불로 끓여 떠보아
  가는 실이 날 때까지 끓인다. 불을 끄고 바로
  보리새우를 넣어 재빨리 섞은 후 참기름과 통깨를 뿌려
  섞어 넓은 그릇에 쏟아 식힌다.

쌈 재료

주변에서 쉽게 구할 수 있는 특수 야채를 활용하여 응용 쌈을 만들어 보자. 잎이 넓고 부드러운 잎채소라면 무엇이든 좋으며, 고추 대신 덜 맵고 부드러운 파프리카 등을 사용해도 좋다. 여러 가지 반찬 대신 두부를 넣어 부드러운 맛의 쌈장과 응용 쌈채소만으로 간단하게 쌈을 즐길 수 있다.

전통 쌈채소

응용 쌈채소

전통 상추쌈 싸 먹는 법

전통 방식의 쌈채소는 부드러운 상추 위에 깻잎과 실파, 풋고추를 얹는 것이 보통이다. 쌈을 싸서 먹는 방법은 먼저 잎을 뒤집어 손바닥에 놓고 밥을 얹은 다음 마련한 찬을 조금씩 얹고 참기름 한 방울을 떨어뜨린 후 싸서 먹는다.

궁중 음식 맛의 핵심, 장(醬)

청장, 중장, 진장으로 나뉘는 간장

한국 음식의 깊은 맛은 장에서 온다고 보아도 과언이 아니다. 간장은 콩을 삶아 유익한 미생물이 생기도록 메주를 띄운 후 소금물에 넣어 만드는데, 햇빛·미생물 등의 요소가 어우러져 발효되면서 독특한 풍미가 생긴다. 간장이 지닌 콩 단백질의 고유한 맛과 향은 궁중 음식 맛의 핵심이라고 할 수 있다.

궁중의 장은 궁에서 만들지 않고, 관아에서 메주를 공물(貢物)로 들여와 만든다. 궁의 메주는 사찰에서 주로 만들었으므로 절메주라고도 불렀다. 절메주는 검정콩을 푹 삶아 절구에 찧거나 섬이나 가마니 자리 위에 삶은 콩을 부어 베버선을 신고 발로 밟아 으깨어 만드는데, 보통 집메주보다 4배 정도 컸다.

이렇게 만든 절메주를 장독의 가장자리에 우물정(井)자로 차곡차곡 쌓아 올린 후 소금물을 장독에 가득히 부어 두고, 햇볕이 좋은 날 장독 뚜껑을 열어서 별 쬐기를 반복하는 방법으로 만든다. 40일가량이 지나면 불은 메주는 채반에 건지고 액체는 떠서 고운체에 밭쳐서 다른 독에 옮겨 붓는다. 이것이 햇장 또는 청장(淸醬)이며, 더 햇볕을 쬐어서 진해지면 중장(中醬)이 되고, 다시 10년쯤 묵으면 색은 까맣게 되고 맛은 달아지며 조청 같이 걸쭉해지는 진장(陳醬)이 된다. 궁중에서는 이처럼 햇볕만 쬐어서 장을 졸였으며, 햇볕에 간장이 줄어들면 연수가 낮은 묽은 간장을 보태어 독을 항상 채워 두었다.

햇장, 중장, 진장의 용도는 다 달랐다. 햇장은

〈대장금〉에서 장을 담그기 전 고사를 지내는 모습. 예로부터 일 년 장이 잘 되어야 집안이 평안하다는 믿음 아래 궁궐에서는 물론 사가에서도 장을 담그기 전에 길일을 받고 고사를 지내는 등 정성을 게을리하지 않았다.

미역국, 나물 등 담담한 맛을 내는 데 썼다. 수십 년 묵은 진장은 약식, 전복초, 약포 등에 이용해 특별히 검은빛과 윤기, 단맛을 더하는 음식에 썼다. 고기나 다른 일반 음식들은 중장을 사용했다.

된장은 장을 만들고 건진 메주를 으깨어 만드는데, 수라상에 올라가는 음식보다는 궁에 사는 사람들이 먹는 음식에 많이 쓰였다. 고종과 순종은 특히 맵거나 짠 음식을 싫어하여 아주 드물게 1년에 한두 차례 정도만 된장찌개를 찾았는데, 이때 '절미된장조치'라 하여 맛깔스럽게 조금씩 끓여서 올렸다고 한다.

고추장은 민가와 달리 엿기름가루를 쓰지 않고 메줏가루를 넣어 떡이 삭은 다음에 소금이나 간장으로 간을 맞춘 후 고춧가루를 넣고 버무려 작은 항아리에 나누어 담고 방망이를 하나씩 꽂아 매일 저어서 넘치지 않고 잘 발효되도록 하

여 만든다. 궁중에서는 찹쌀고추장만 담갔다고
하며, 초고추장과 볶은 고추장인 약고추장을
만들고 조치에도 맵지 않게 풀어 사용했다.
〈대장금〉에서는 궁의 장맛이 변한 이유가 나무
를 잘라 버려서 장에 더 이상 꽃가루가 날아들
지 않기 때문인 것으로 되어 있으나, 이는 나무
에서 옮겨지는 화분이 날아들어 장맛을 더 좋게
한다는 사실을 강조하기 위해 드라마에서 다소
과장하여 표현한 것이다.

순종도 즐겨 먹었던 상추쌈 차림

순종을 모셨던 마지막 주방상궁 한희순에게서
전수받은 상추쌈 차림에는 갖가지 장으로 만든
반찬들이 오른다. 절미된장조치, 병어감정, 약
고추장, 장똑똑이, 보리새우볶음, 참기름 등의
찬은 모두 생채소에 밥을 넣고 싸 먹기 적당한
반찬들이다.
한희순 상궁에 의하면 쌈채소는 주로 상추·쑥
갓·가는 파 같은 것들이었으며, 간혹 한련화 잎
도 올렸다고 한다. 절미된장조치는 쇠고기와
표고버섯을 넣어 바특하게 조린 쌈장이며, 병
어감정은 생선 살을 고추장에 끓인 것인데, 과
거에는 진상품 생선인 웅어를 썼다고 한다. 약
고추장은 고추장에 쇠고기볶음과 꿀·참기름을
넣고 윤기 나게 볶은 것이며, 장똑똑이는 채 썬
쇠고기를 간장에 조린 것이다.
냉한 상추쌈을 먹은 다음 계지차를 먹으면 체하
지 않는다고 전해진다. 채소를 많이 먹으면 몸
이 냉해지는 것을 걱정하여 쌈을 다 먹고 난 후

1 한국의 전통 장인 고추장, 간장, 된장.
2 차가운 몸을 덥히는 계지차.
3 계지는 계수나무의 가지를 말한다. 두꺼운 육계로 끓여도
되나 계지를 쓰는 편이 맛이 순하고 경제적이다. 비슷한 역할
을 하는 약재로는 계피가 있다.

몸을 따뜻하게 하는 계지차를 내놓는 법에서 궁
중 음식의 기저에 깔린 약식동원의 정신을 엿볼
수 있다.

2 궁중 음식,
어떻게 차릴까?

밥 한 그릇에도 민심을 담아 내던 임금의
수라상은 밥상 이상의 의미를 지닌다. 흉년
이 들어 백성이 굶으면 반찬 가짓수를 줄여
아픔을 함께 나누며, 연회도 함부로 열지
않았다. 이처럼 궁중 음식에는 역사와 철학
이 배어 있다.

나랏님의 밥상을
널리 알리다

수라상

>　궁녀들이 음식을 매개로 풀어 가는 우정과 대결, 암투는 언제나 왕을 위한
> 수라상 장면으로 이어진다. 때로는 며칠, 길면 한 달 넘게 정성 들여 준비
> 하는 음식은 항상 임금이 즐겁게 식사할 수 있도록 사소한 부분까지 왕의
> 입맛에 맞추고, 임금이 고뿔이 들거나 유달리 피로를 느끼면 빠르게 건강
> 을 회복할 수 있도록 음식을 바꾸어 올린다. 기미상궁의 수라 시중을 받으
> 며 눈앞의 음식을 궁금해하고 하문하는 임금의 모습에서 그간 사극에서
> 흔히 볼 수 없던 친근함이 느껴진다.　"

왕의 밥상 | 수라상

수라상에 오르는 찬들은 내소주방(內燒廚房)에서 조리한다. 내소주방은 화재의 위험 때문에 임금이 기거
하는 대전에서 떨어져 있었으므로, 음식을 먼저 합에 담아 들것 같은 목판에 실어 퇴선간으로 옮겨서 다시
수라기에 담아 상차림을 준비하여 임금에게 올렸다. 퇴선은 상을 물린다는 뜻이지만 퇴선간에서는 임금이
물린 상을 처리하는 것 외에도 내소주방에서 차려 내온 국이나 구이 등을 데워서 상을 차리는 중간 부엌의
역할을 하였다. 또한 수라를 드실 때 쓰이는 여러 가지 그릇, 화로, 상 등을 관리하는 일도 하였다. 밥만은
내소주방이 아니라 퇴선간에서 조리하는데, 진상으로 들어온 좋은 쌀로 곱돌솥에 백탄불로 밥을 지으면
그 고소한 냄새가 궁 안에 가득했다고 한다.

수라상 대원반.

현재에 전해진 수라상 차림

한국의 일상식 상차림은 탄수화물이 주 영양분인 밥과 기타 영양소를 제공하는 반찬들로 구성된다. 이러한 기본 구성은 왕의 밥상인 수라상에도 동일하게 적용된다.

조선 왕조 마지막 상궁이자 제1대 기능보유자인 한희순이 전해준 수라상은 12첩 반상이다. 첩은 기본 음식 외에 올리는 작은 찬기(쟁첩)에 담긴 반찬을 말하므로, 실제 상에 올리는 음식의 가짓수는 열두 가지가 훨씬 넘는다. 먼저 첩수에 들어가지 않는 기본 음식은 밥 두 가지, 탕 두 가지, 김치 세 가지, 조치 두 가지, 장 세 가지, 찜 한 가지이다. 수라상의 찬은 서로 조리법이나 주재료가 겹치지 않는 것을 원칙으로 하며, 각지에서 진상된 제철 재료로 만든 찬뿐 아니라 장아찌, 젓갈, 마른 찬 등의 저장 음식도 많이 쓰였다.

수라상은 둥근 상 큰 것과 작은 것, 그리고 네모진 책상반으로 3개의 상에 차려진다. 원반 큰 것은 중앙에 놓이며 왕과 왕비가 각각 앉아서 드시는 상이다. 곁상은 원반 작은 것과 네모진 책상반이 쓰인다. 책상반은 전골상으로 고기와 채소를 합에 담아 올려놓고, 장국과 기름 종지를 놓아 전골을 끓일 준비를 하는 상이다. 전골상 옆에는 화로가 있고, 전골틀을 그 위에 놓아 재료를 즉석에서 조리하여 왕에게 올린다.

수라상 소원반.

54

수라상에 오른 음식

기본 음식

수라

평소 왕에게 올리는 밥을 특별히 수라라 한다. 백반은 흰밥이며, 홍반은 팥을 넣고 만든 밥으로 붉은팥을 미리 삶아 팥물을 부어 지은 붉은색이 도는 찰밥이다.

탕

국을 한자로 탕(湯) 또는 갱(羹)이라 한다. 곰탕은 사태, 쇠꼬리, 허파, 양, 곱창을 덩이째 푹 끓이고 무도 함께 끓여서 먹기 좋게 썰어 양념하여 다시 장국에 넣고 끓인다. 미역국은 곽탕(藿湯)이라 하며, 쇠고기를 잘게 썰어서 미역과 한데 볶아 끓인다.

조치

궁중에서 찌개를 일컫는 말로, 건지가 국보다는 많고 간은 센 편이다. 맛을 내는 장에 따라 보통 된장조치, 고추장조치, 젓국조치로 나눈다. 된장조치는 뚝배기에 두부와 표고버섯, 쇠고기 등을 함께 넣어 물을 붓고 뭉근한 불에 서서히 오래 끓여 낸다. 굴두부젓국조치는 굴과 두부를 넣고 소금이나 새우젓으로 간을 맞춘 담백한 맛의 맑은 조치이다. 굴이나 두부를 넣었기 때문에 지나치게 오래 끓이거나 다시 데우면 맛이 아주 떨어진다.

찜

찜의 조리법은 국물에 넣어 익히는 방법과 증기로 익히는 방법 두 가지가 있다. 육류 찜은 재료를 큼직하게 토막 낸 후 양념하여 뭉근한 불에 오래 끓여서 재료를 무르게 익히며, 어패류는 찜통에 담아 증기로 쪄서 익힌다. 도미찜은 도미를 통째로 쪄서 위에 여러 가지 고명을 장식하여 완성한 것이다. 생선찜은 조직이 연하므로 간을 세지 않게 하고 오래 가열하지 않는다.

전골

육류와 채소에 밑간을 하여 합에 담아 상에 올려 준비한다. 화로 위에 전골틀을 올려놓고 그 위에 재료를 올려 즉석에서 끓이며 먹는 음식이다. 두부전골은 기름에 지진 두부 두 장 사이에 양념한 고기를 채운 다음 채소와 함께 끓여낸 것이다.

침채류

무, 배추, 오이 등을 소금에 절여서 고추, 마늘, 파, 생강, 젓갈 등의 양념으로 버무린 후 항아리에 담아 발효시킨 김치이다. 수라상에는 세 종류 김치가 오른다. 궁중에서 담그는 통배추김치는 젓국지, 깍두기는 송송이라 한다. 동치미는 무를 많이 넣고 담근 국물김치이다.

장류

작은 종지에 담아 수라상에 올리는 장류는 청장·초간장·초고추장·겨자장·꿀 등으로 국의 간이 부족할 때, 전유화 또는 회를 찍어 먹기 위해 곁들인다. 찬품에 따라 상에 올리는 장 종류도 달라진다. 청장은 국이나 반찬의 간을 맞출 때 쓰고, 초고추장은 고추장에 식초·설탕등을 넣고 맛을 내어 회를 찍어 먹는다. 초간장은 간장에 식초, 설탕을 넣어서 만들며 전유화, 편육 등을 찍어 먹는다.

찬품

더운 구이

소, 돼지, 닭 등의 고기는
따뜻할 때 먹는다. 석쇠에 얹어서
직접 불에 굽거나, 번철을 달군 후 올려 구워 만든다.
대표적인 구이 음식인 너비아니는 쇠고기 등심 또는
안심을 얇게 저며서 간장으로 간을 하여 굽는 음식이다.

찬 구이

김, 더덕 등 채소를 구워 식은
상태로 먹는다. 석쇠에 직화로
굽거나 번철에 굽는다. 기름기가
없는 채소구이이기 때문에 참기름 혹은 들기름을 발라
굽기도 하고, 유장을 고루 발라 초벌하여 굽는 방법도
있다. 김구이는 마른 김에 참기름이나 들기름을 바르고
소금을 약간 뿌려 석쇠에 얹어 굽는데, 타지 않도록
불의 세기를 잘 조절하여야 한다.

전유화

육류, 어패류, 채소류 등의
재료를 얇게 썰어 소금과
후춧가루로 간을 한 다음
밀가루와 달걀물을 묻혀서 번철에 지져 만든 요리이다.
밀가루 대신 메밀가루를 묻히거나 밀가루즙을 씌워
지지기도 한다. 생선전은 흰살 생선을 얇게 포를 떠서
소금과 후춧가루로 간하고, 밀가루를 얇게 묻혀
달걀물에 담갔다가 번철에 지진다. 완자전은 쇠고기를
곱게 다지고 두부를 물기 없이 꼭 짜서 으깬 다음
쇠고기와 섞어 양념한 뒤, 동글납작하게 빚어서
밀가루와 달걀물을 묻혀 번철에 지진다. 새우전은
새우살을 얇게 저며 칼집을 내고 소금, 후춧가루로 간한
뒤에 밀가루를 얇게 묻혀 달걀물에 담갔다가 번철에
지진다.

편육

쇠고기나 돼지고기의 양지머리나 사태
부위를 덩어리를 통째로 삶아 익혀
베 보자기에 싸서 무거운 것으로
눌렀다가 얇게 썬 것으로 양념장이나
새우젓국을 찍어 먹는다. 편육에 적당한
쇠고기 부위는 양지머리, 사태, 업진, 우설, 우랑, 우신,
유통, 쇠머리 등이다. 양지머리 편육은 쇠고기의
양지머리 부위를 덩어리째 삶아 반듯하게 눌러서 얇게
저며 초간장에 찍어 먹는 음식이다.

숙채

채소를 익혀서 무치거나 볶아서
만들며, 대부분의 나물이 여기에
속한다. 삼색나물 중 시금치나물은
시금치를 소금물에 파랗게 데쳐 내어
양념에 무치고, 고사리나물과 도라지는 삶아서 양념하여
볶는다.

생채

계절마다 새로 나오는 싱싱한
채소를 익히지 않고
초장·초고추장·겨자장으로
무치는데, 대개 설탕과 식초를
사용하여 달고 새콤하고 산뜻한 맛을 낸다. 탕평채는
녹두 녹말로 만든 청포묵에 볶은 쇠고기, 채소, 지단 등을
함께 초간장으로 버무린 무침이다.

조리개

조림을 조리개라고도 하며,
주로 반상에 오르는
찬품으로 육류, 어패류,
채소류로 만든다. 오래 두고
먹을 것은 간을 약간 세게 한다. 닭조리개는 닭의 살만

발라 넓적하게 저민 다음 한번 삶아 내고, 냄비에
대파·마늘·생강·마른 고추 등의 양념을 넣고
간장·설탕·육수로 만든 조림장을 넣어 조린 음식이다.

고종·순종대 수라상의 찬품과 기명

음식명			기명
기본 음식 : 수라, 탕, 조치, 찜, 전골, 침채류, 장류			
1. 수라	흰밥, 붉은팥밥 2가지	백반, 홍반	수라기, 주발
2. 탕	미역국, 곰탕 2가지	미역국, 곰탕	탕기, 쟁기
3. 조치	된장조치, 젓국조치 2가지	된장조치, 굴두부젓국조치	조치보, 뚝배기
4. 찜	찜(육류, 생선, 채소) 1가지	도미찜	조반기, 합
5. 전골	재료, 전골틀, 화로 준비	두부전골	전골틀, 합, 종지, 화로
6. 침채류	젓국지, 송송이, 동치미 3가지	젓국지, 송송이, 동치미	김치보, 보시기
7. 장류	청장, 초장, 윤집(초고추장), 겨자집 3가지	청장, 초간장, 초고추장	종지
찬 품 (12첩)			
1. 더운 구이	육류, 어류의 구이나 적	너비아니	생첩
2. 찬 구이	김, 더덕, 채소의 구이나 적	김구이	쟁첩
3. 전유화	육류, 어류, 채소류의 전	생선전, 완자전, 새우전	쟁첩
4. 편육	육류 삶은 것	양지머리 편육	쟁첩
5. 숙채	채소류를 익혀서 만든 나물	삼색나물	쟁첩
6. 생채	채소류를 날로 조리한 나물	탕평채	쟁첩
7. 조리개	육류, 어패류, 채소류의 조림	닭조리개	쟁첩
8. 장과	채소 장아찌, 갑장과	오이갑장과	쟁첩
9. 젓갈	어패류의 젓갈	명란젓	쟁첩
10. 마른 찬	포, 자반, 튀각 등의 마른 찬	포다식, 굴비자반, 약고추장	쟁첩
11. 별찬	육류, 어패류, 채소류의 생회, 숙회	전복회	쟁첩
12. 수란	수란 또는 다른 별찬	수란	쟁첩
차수	숭늉 또는 곡물차	숭늉	다관, 대접

장과

장아찌의 한자어이며, 제철에
흔한 채소인 마늘, 마늘종,
깻잎, 무, 오이, 더덕 등을
간장, 고추장, 된장 등에 넣어
장기간 저장한다. 장류에
박았던 장과는 먹기 직전에 참기름,
설탕, 깨소금 등으로 무쳐서 낸다. 오이갑장과는 장을
쓰지 않고 오이를 소금에 절여 쇠고기, 표고버섯과 함께
볶아 장아찌처럼 만들어 먹는다.

젓갈

신선한 어패류를 소금에
절여서 장기간 숙성시키는
동안 감칠맛과 특유의 향이
더해진 것이다. 명란젓은 추운
겨울에 싱싱한 동태의 알을 모아서 담그는데,
소금·고춧가루·마늘을 명란에 고루 발라 작은
항아리나 용기에 담고 숙성시켜서 만든다.

마른 찬

육류, 어패류, 해조류 또는
채소류 등을 말리거나
튀겨서 한 그릇에 여러
가지를 어울리게 담는다.
포다식은 육포를 불에 살짝
구워 보풀려서 깨, 참기름, 꿀을 넣어 다식판에 박아
만든다. 굴비자반은 조기의 아가미를 헤치고 깨끗이
씻어 물기를 뺀 다음, 아가미 속에 소금을 가득 넣고
생선 몸 전체에 소금을 뿌려 항아리에 담아 이틀쯤
절인다. 절인 생선을 꺼내어 보에 싸서 하루정도
눌러놓았다가 채반에 널어 빳빳해질 때까지 말려서
적당한 크기로 잘라 만든다. 약고추장은 고추장에 다진
쇠고기와 꿀을 넣어 조린 것이다.

회

신선한 생선이나 쇠고기
살을 익히거나 조리하지
않고 날것으로 초고추장을
찍어 먹는 음식이다. 전복을
깨끗이 씻어 살을 떼어 내고 내장을 발라낸 후 얇게
썬다.

수란

수란기(水卵器) 또는 국자에
참기름을 고르게 바르고
달걀을 깨 담은 후 끓는 물에
달걀 담은 국자를 넣고 중탕하듯
해서 반숙으로 익힌 달걀이다.

숭늉 또는 곡물차

숭늉은 밥솥 바닥에 눌어붙은
누룽지에 물을 붓고 한소끔
끓인 물이다. 곡물차는
곡류를 가공하여 우려내
음료로 만든 것을 말한다.

수라상 기물

수라를 올리는 상은 붉은빛의 둥근 상으로 큰 것을 대원반, 작은 것을 소원반이라 한다. 한 번 식사에 본상인 큰 상 한 개와 보조 상인 곁상 두 개가 준비되었다. 대원반은 붉은색의 주칠(朱漆)을 하고 자개로 문양을 넣거나 다리에 용틀임 장식이 조각되었다. 수라상의 식기는 은기와 사기를 썼으며 수저만은 사철 은으로 된 것이었다. 마지막 왕조의 유물 중에는 화려한 칠보 수라기도 있다.

칠보 수라기

은수라기

수라상에 숨어 있는 큰 뜻

열두 가지 반찬에 국·밥·찌개 두 그릇씩, 김치 셋, 찜 하나, 전골까지 그 많은 음식을 한 사람을 위해 차리다니 궁중의 식생활은 지나친 것이 아니었을까. 그러나 수라상이 이렇게 화려한 것에는 이유가 있다. 예를 중시했던 조선의 왕은 만백성의 어버이로 모범을 보여야 했으므로 식사 예절이나 식사 횟수·상차림 등의 구성은 정해진 원칙에 따라 지켜졌으며, 신하와 백성들은 섬김과 공경의 표시로 수라를 정성껏 준비하여 올렸다. 특히 백성들은 농사를 짓고 고기를 잡고 사냥을 해서 제때에 가장 좋은 것만을 왕께 진상했는데, 이 진상품들은 백성들의 생활상을 바로 말해 주는 것이라고 할 수 있었다. 따라서 그것으로 음식을 만들어 수라상에 올리면 왕이 전국을 다니지 않아도 백성들의 생활을 살피고 계절을 알 수 있었다. 상 위에 차린 음식이 늘 그대로라면 나라가 태평하다는 증거일 것이고 반찬수가 줄거나 재료가 바뀌었다면 무언가 일이 생겼다는 것을 알 수 있었다.

붉은빛의 소원반

왕에게 올리는 식사

수라상은 드라마 〈대장금〉에 자주 등장한 상차림이다.

왕의 일상 식사, 수라상

궁중 음식은 크게 일상식과 연회식으로 나눌 수 있다. 평소 왕에게 올리는 밥은 특별히 수라라 하고 그 상차림을 수라상이라 한다. 수라라는 단어는 고려 시대에 유입된 몽골어에서 기원하여 조선 시대에 임금의 식사를 가리키는 뜻으로 정착하였다.

궁중은 현물을 세금처럼 걷어 올리는 공상(供上) 제도를 통해 전국의 농수산물이 한자리에 모이는 곳이므로 식재료를 풍부하게 사용할 수 있었다. 일상식은 왕의 기호에 따라 사치스러운 산해진미를 즐기는 경우도 있고 반대로 검박한 식단을 선호하는 왕도 있었다. 궁중의 식사는 본디 하루 다섯 번이 기본이었던 것으로 여겨지나 임금의 취향이나 손님맞이 등의 사정에 따라 끼니 수는 유동적이었다. 일반적으로 아침과 저녁은 수라상을 들었고, 점심에는 면상으로 하는 낮것상, 식간에는 다과상, 새벽에는 죽상, 밤에는 야참을 수시로 올렸다는 기록으로 보아 하루 다섯 번이 아닌 일곱 번인 예도 있다.

반면에 식사 횟수나 음식 가짓수를 줄인 예도 보인다. 왕은 사람의 힘으로 어찌할 수 없는 지경에 다다르면 자신의 부덕함을 이유로 자책하고 백성의 어려움을 위로하는 수단으로 음식 가짓수를 줄이는 감선(減膳)을 시행했다. 육선(肉膳)을 금하고 소선(素膳)을 통해 절제와 검소를 몸소 실천하니, 보통은 3일에서 5일 정도를 감선하는 기간으로 정한다. 한재, 수재, 천둥, 난리, 상중이나 제사 때에도 음식이나 식사의 갯수를 줄였다.

가뭄이 매우 심할 때 각전의 낮수라에는 어육을 없애고 단지 수반(水飯 물만밥) 또는 수요반(水澆飯 물에 삶은 밥)만 올린 예가 있다.

『원행을묘정리의궤』에 기록된 수라상

궁중의 일상식에 대한 기록은 많지 않은데, 다행히 정조 20년(1795) 혜경궁 홍씨의 회갑을 기념하여 사도세자의 묘인 현륭원을 방문했을 때 남긴 『원행을묘정리의궤(園幸乙卯整理儀軌)』에서 그 예를 볼 수 있다. 이 의궤에는 왕이 자궁 (혜경궁 홍씨)과 그의 여동생들과 함께 창덕궁을 출발하여 화성에 가서 진찬을 베풀고 다시 환궁할 때까지의 8일간의 식사에 대한 기록이 고스란히 담겨 있다. 특히 일상식에 해당하는 수라상과 죽상, 미음상 그리고 다소반과(茶小盤果) 등 다양한 상차림이 실려 있어 궁중의 일상식을 파악할 수 있는 귀중한 자료가 된다.

이 기록에는 정조가 백성들에게 민폐를 안 끼치고 덕을 보여 주는 왕으로서 음식 사치를 하지 말 것을 당부하는 내용이 잘 나타나 있다.

또 정조는 수라상에서 실제로 그 검박함을 보여 주었는데, 어머니 혜경궁 홍씨의 수라상에는 15그릇이 올랐지만 자신의 수라상에는 7그릇을 넘지 않도록 명하였다. 한 예를 들면 윤 2월 9일 혜경궁 홍씨의 아침 수라에는 두 상이 올랐는데, 본상에는 홍반·어장탕과 함께 조치 두 그릇·구이 한 그릇·좌반·생치병·젓갈·채 및 담침채가 각 한 그릇 그리고 장 세 그릇이 올랐으며, 곁상에는 별찬으로 전복찜·양만두·각색구이가 올랐다. 정조의 상에는 별찬이 오르지 않았다.

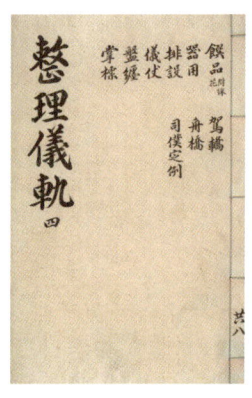

『원행을묘정리의궤』에서 정조의 수라상과 어머니 혜경궁 홍씨의 수라상에 대한 기록을 찾아볼 수 있다. 위 사진은 기록에 따라 혜경궁 홍씨의 수라상을 재현한 모습이다.

추운 날씨의
따뜻한 국물
두부전골

 〈대장금〉에서도 수라상궁이 작은 화로 위에 일인용 전골틀을 놓고 수라를 잡숫
도록 하는 모습이 소개되었다. 전골은 따뜻하게 끓여 가며 먹는 국물 요리로,
날씨가 추워지면 생각나는 음식이다. 여럿이 모인 식탁 한가운데에 불을 지피
고 큰 냄비를 올려 갖가지 재료를 담은 후 격식 없이 자유롭게 먹을 수 있는 점
이 매력이다. 〈대장금〉에는 버섯전골, 두부전골, 꿩전골, 도미면 등 여러 종류
의 전골이 재료와 전골틀을 달리하며 등장했다. 때때로 '전골은 맵다'고 생각
하는 사람이 있으나, 궁중 전골은 별로 맵지 않았다. ""

따스함을 나누는 음식 | 전골

대원반과 소원반의 수라상에 뒤이어 화로 위에 벙거지 모양의 전골틀이 올려져 있다. 전골상은 12첩 반찬과
함께 김치와 조치, 장까지 푸짐하게 차린 수라상에 지지 않는 존재감을 자랑한다. 다양한 식재료와 넉넉한
국물이 함께 끓는 모습이 훈훈함을 전해주며 속을 든든하게 하여 추위까지 달래 준다. 두부전골, 버섯전골,
꿩전골 등 재료를 달리해 아주 다양하게 만들 수 있으며 궁중의 잔칫상에도 빠짐없이 등장한다.

두부전골

재료 및 분량

두부(단단한 것) 300g, 소금(두부 밑간용) 1작은술,
녹말가루 5큰술, 식용유 4큰술, 쇠고기(우둔살) 100g,
쇠고기(다진 것) 50g, 표고버섯 3개, 무 100g, 당근 50g,
숙주 100g, 실파 30g, 양파 50g, 홍고추 1개,
미나리 50g, 소금 2작은술, 잣 1작은술, 호두 3개,
달걀 1개, 물 8컵, 국간장 2큰술, 소금 2작은술
고기·표고버섯 양념 국간장 1큰술, 다진 파 2작은술,
다진 마늘 1작은술, 참기름 1작은술, 후춧가루 약간
채소 양념 소금 ½큰술, 참기름 1큰술

준비하기

1 두부는 길이 3cm, 폭 2.5cm, 두께 0.7cm 크기로 썰어
  평평한 그릇에 편 다음 소금 1작은술을 뿌려 밑간을
  하여 10분간 둔다.
2 쇠고기 100g은 0.3cm 굵기의 납작한 채로 썰고, 50g은
  다진 것으로 준비한다.
3 표고버섯은 찬물에 2시간 동안 불려서 물기를 짜고
  기둥을 떼고 채로 썬다.
4 무와 당근은 길이 5cm, 폭 0.5cm, 두께 0.3cm로
  납작하게 채 썰고 숙주는 머리와 꼬리를 뗀다. 끓는
  물에 소금 1작은술을 넣고 손질한 채소를 각각 넣어
  숨이 죽을 때까지 데친 후, 찬물에 헹구어 물기를 뺀다.
5 미나리는 잎을 떼고 다듬어 줄기만 끓는 물에 소금
  1작은술을 넣고 살짝 데친 후 찬물에 헹구어 물기를
  제거한다.
6 양파와 홍고추는 채 썰고 실파는 5cm 길이로 썬다.
7 호두는 뜨거운 물을 붓고 5분 동안 불린 후 꼬치로
  속껍질을 벗긴다.

만들기

8 두부의 물기를 제거하고 녹말가루를 묻혀서 팬에
  식용유 4큰술을 넣고 양면이 노릇해질 때까지
  지진다.
9 고기·표고버섯 양념을 합하여 채 썬 고기, 표고버섯,
  다진 고기에 나누어서 양념한다.
10 지진 두부 두 장 사이에 양념한 다진 고기를 넣고
  데친 미나리로 가운데를 돌려 묶는다.
11 준비한 무, 당근, 숙주에 채소 양념을 각각 넣고
  무친다.
12 전골틀에 준비한 채소를 색을 맞추어 돌려 담고,
  쇠고기는 가운데에 돌려 담는다.
13 위에 두부를 올리고 고명인 호두, 잣을 고루 뿌린다.
14 물 8컵에 국간장과 소금으로 간을 맞추어 붓고 불에
  올려 끓인다. 재료가 익으면 가운데에 달걀을 깨
  넣어 반숙으로 익힌다.

11, 12

3, 4, 5

6

8

10

궁중의 전골

전골을 끓이기 전 상차림과 화로 위에 올려진 전골.

수라상에 차려진 전골상

전골은 일반적으로 끓여 가며 먹을 수 있는 국물 요리를 폭넓게 일컫는 말로 쓰이지만, 원래는 고기·생선·채소 등의 재료를 각각 합에 담아 상 위에 준비해 두고, 화로 위에 테가 달린 둥그런 모양의 틀을 올려놓고 직접 끓이면서 먹는 것을 의미한다.

〈대장금〉에서는 중종(中宗 1488~1544)이 수라상을 받는 장면이 여러 차례 나오는데, 그때마다 곁에서 기미상궁과 생각시들이 시중을 드는 모습을 볼 수 있다. 이는 20세기 초까지 궁에서 일했던 상궁들의 증언을 바탕으로 재현된 것이다. 증언에 따르면, 수라를 들 때 임금은 수라상궁 두 명과 생각시 한 명의 시중을 받았다고 한다. 이 중 한 명은 기미상궁(氣味尚宮)이라 하는데 보통 나이 많은 노상궁이었다. 본래 기미상궁은 음식에 독이 있는지 없는지 살피는 것이 주된 임무였으나 실제는 임금의 식성을 잘 알아서 편하게 드시도록 이야기도 나누고, 드실 음식을 권하는 일을 했다. 또 한 명의 수라상궁은 멀리 있는 음식 시중을 들고 모자라는 음식을 다시 가져오는 일을 했다고 한다. 생각시는 전골 끓이는 일을 전담했는데, 화로에 놓인 전골틀에 미리 준비한 재료들을 얹어 알맞게 익었을 때 빈 그릇에 담아 올린다. 이때 수저는 국물을 넉넉히 뜰 수 있는 굽이 깊은 숟가락과 상아 젓가락을 사용했다고 전해진다.

전골의 유래

흔히 전골과 찌개를 같은 것으로 착각하기 쉬운데 약간 다르다. 찌개는 음식의 재료와 양념을 한꺼번에 넣고 끓여 내는 것이고, 전골은 그때그때 재료를 넣어 익혀 가며 조리하는 것이다.

임금은 상궁과 생각시의 시중을 받으며 수라를 들었다.

전골의 기원에 대해서는 예로부터 다양한 설이
존재했다. 장지연(1864~1921)의 『만물사물기
원역사(萬物事物紀原歷史)』(1909)에는 "전골은
그 기원을 잘 모르기는 하나 상고 시대에 진중
군사들은 머리에 쓰는 전립을 철로 만들어 썼는
데 진중에서는 기구도 변변치 못하였던 까닭에
자기들이 썼던 철관을 벗어 고기와 생선들을 끓
여 먹을 때 무엇이든지 넣어 끓여 먹는 것이 습
관이 되어 여염집에서도 냄비를 전립 모양으로
만들어 고기와 채소 등 여러 가지를 넣어 끓여
먹는 것을 전골이라 한다."라고 하였다. 유몽인
(1559~1623)의 『어우야담(於于野談)』에는 "토
정 이지함 선생이 항상 철관을 쓰고 다니다가
고기나 생선을 얻을 때 머리에 썼던 철관을 벗
어 끓여 먹었다 하여 선생의 별호를 철관자라
하였다."는 이야기가 나온다. 그러나 이를 전골
의 기원에 관한 신빙성 있는 기술이라고 보기는
어렵다.

전골에 대한 구체적인 언급은 18, 19세기에 본격
적으로 등장한다. 18세기 말 유득공(1749~
1807)의 『경도잡지(京都雜志)』에는 "냄비 이름
에 전립투라는 것이 있다. 벙거지 모양에서 이런
이름이 생겨났다. 가운데 움푹하게 들어간 부분
에 채소를 넣어서 데치고 그 가장자리의 편편한
곳에 고기를 굽는다. 술안주나 반찬에 모두 좋
다."라는 기록이 보인다. 19세기 서유구(1764~
1845)의 『옹희잡지(饔饎雜志)』에도 "적육기(炙
肉器, 고기 굽는 그릇)에 전립을 거꾸로 높힌 것
과 같은 모양을 한 것이 있다. 도라지, 무, 미나
리, 파 등을 잘게 썰어 이것을 장수(醬水)가 들어

전골틀

풍속화첩 중 '야연(野宴)'. 남성들이 야외에 둘러앉아 술안주
로 전골틀에 고기를 익혀 먹고 있다.

있는 복판 움푹 들어간 곳에 담근다. 숯불 위에
올려놓고 철을 뜨겁게 달군다. 고기를 종잇장처
럼 얇게 썰어 유장(油醬)에 적신 다음 젓가락을
사용하여 사면에 지져 굽는다. 한 그릇으로 서
너 명이 먹는다."라고 쓰여 있다.

전철이라는 단어는 궁중에서 전골 냄비를 가리
킬 때 쓰던 말이다. 고종 6년(1868) 무진 『진찬
의궤(進饌儀軌)』에는 '진어전철안'이라 하여 전
골상이 나온다. 이는 전철을 사용한 즉석 음식
을 궁중의 연회에 사용하였음을 보여 준다.

열구자탕

궁중연회의
화룡점정

 드라마 〈대장금〉의 첫 장면을 장식한 궁중 연회에는 화려하면서 정갈한 궁중 음식이 다양하게 등장한다. 평소 자신의 공간에서 개별적으로 식사를 하는 임금과 대비, 중전도 나란히 함께 자리하여 꽃과 부채를 들고 춤추는 여령과 무동의 무용을 구경하며 흡족하게 연회 음식을 먹는다. 연회에서도 예외 없이 임금은 독상을 받는데, 화려한 음식들 사이에서 정성과 아름다움으로 궁중 연회의 화룡점정이 되는 것이 열구자탕, 바로 신선로다.

산해진미 신선로 요리 | 열구자탕

열구자탕(悅口資湯)은 입을 즐겁게 하는 탕이라는 뜻으로 신선로라고도 한다. 신선로라는 이름은 본래 열구자탕을 담는 그릇의 이름이다. 신선로는 원형 냄비 가운데 숯을 넣는 원통이 있어 여기에 숯불을 피워 넣어 음식이 익는 구조다. 의궤에는 열구자탕·면신선로·탕신선로 등의 이름으로 기록되어 있는데, 궁중에서는 겨울에 잔치가 열리면 신선로를 잔칫상에 올려 보온의 효과와 함께 따뜻한 국물을 먹을 수 있게 하였다.

신선로(열구자탕)

재료 및 분량

탕거리와 육수 쇠고기(사태) 200g,
쇠고기(우둔살) 100g, 양(껍질 벗긴 것) 100g,
물 10컵(2L), 소금 1작은술, 무 200g, 당근 100g,
대파 1대, 통마늘 5개, 통후추 ½작은술

탕거리 양념 국간장 2큰술, 다진 마늘 1큰술,
참기름 1큰술, 후춧가루 약간

세 가지 전 흰살 생선(대구살) 50g, 천엽 50g,
쇠고기(우둔살) 70g, 밀가루 ½컵, 달걀 3개,
식용유 6큰술, 소금 1큰술, 후춧가루 약간

고명 달걀 3개, 석이버섯 5장(10g), 미나리 50g,
표고버섯 3개(15g), 홍고추 2개, 밀가루 3큰술,
식용유 6큰술, 소금 ½작은술, 호두 3개, 은행 12개,
잣 1작은술, 대추 3개,

고기 완자 쇠고기 50g, 두부 30g, 소금 ½작은술,
다진 파 1작은술, 다진 마늘 ½작은술, 참기름 ½작은술,
식용유 1큰술, 밀가루 2큰술, 달걀 1개, 후춧가루 약간

육수 양념 국간장 1큰술, 소금 1작은술

준비하기

탕거리와 육수

1 쇠고기(사태)는 찬물에 1시간 정도 담가 핏물을 빼고,
  양은 소금 1작은술을 넣고 주물러서 흐르는 물에
  씻어 냄새를 제거한다.
2 냄비에 10컵(2L)의 물을 붓고 끓이다가 사태와 양,
  대파, 통마늘, 통후추를 넣고 끓기 시작한 후부터
  40분 정도 끓인다. 중간에 무와 당근을 같이 넣고
  삶아 10분이 지나면 꺼낸다. 고기는 건져 내고,
  육수는 차가워실 때까시 식혀 기름을 걷이 내고
  면보에 거른다.
3 삶은 쇠고기(사태)와 양은 얇게 저미고,
  쇠고기(우둔살) 100g은 결 반대 방향으로 얇게 썰어
  탕거리 양념을 나누어 무친다.

탕거리

전 재료

2

3

세 가지 전

4 흰살 생선은 7~8cm 폭의 전감으로 크게 뜬다.
천엽은 큰 것으로 골라 한 장씩 떼어 밀가루에 주물러
씻어 내고, 쇠고기는 0.3cm 두께로 넓게 떠서
잔칼집을 고루 넣어 준비한다.

5 손질한 재료에 각각 소금과 후춧가루를 뿌린다.

6 밀가루를 고루 묻히고 달걀물에 담갔다가 달군 팬에
기름을 두르고 익힌다. 중간 불에 전이 오그라들지
않게 누르며 지지다가 뒤집어서 익힌다.

고명과 고기 완자

7 달걀 3개를 흰자와 노른자로 나누어 소금 ¼작은술씩
각각 넣어 풀고, 다시 흰자를 둘로 나누어 하나의
흰자에 석이버섯 다진 것을 넣는다. 팬을 달구어
식용유를 얇게 바른 후 약한 불에 황, 백, 검은색
지단을 부친다.

8 미나리는 뿌리와 잎을 제거하여 꼬치에 위아래를
번갈아 네모나게 꿴다. 밀가루를 양면에 고루 묻히고
준비한 달걀물에 담갔다가, 팬에 식용유를 얇게 바른
후 약한 불에 누르며 부쳐서 미나리 초대를 만든다.

9 표고버섯은 찬물에 2시간 동안 불린 후 기둥을 떼고
물기를 짠다.

10 홍고추는 길이로 반을 갈라 씨를 빼낸다.

11 호두는 뜨거운 물에 10분 동안 불려서 꼬치로
속껍질을 벗긴다. 은행은 팬에 기름을 약간 두르고
파랗게 될 때까지 볶아서 속껍질을 벗기고, 잣은
손질하여 준비한다. 대추는 씨를 빼고 돌려 깎은 후
다시 말아 썰어 대추꽃을 만든다.

12 쇠고기 다진 것에 두부를 으깨어 합하여 완자
양념을 넣고 고루 주물러서 지름 1.2cm로 동글게
빚어 밀가루와 달걀물을 묻힌다. 달군 팬에 식용유
1큰술을 두르고 약한 불에 굴리면서 지진다.

7

8

11

만들기

13 준비한 무와 당근, 세 가지 전과 오색고명 등을
신선로 틀에 맞추어 길이 4cm, 너비 2.5cm의
직사각형으로 썬다.

14 신선로 틀에 ⑬의 자투리를 깔고 양념한 탕거리들을
판판히 돌려 담는다. 그 위층에 직사각형으로 썬
재료들을 색을 맞추어 부채꼴 모양으로 펼쳐 고르게
돌려 담는다.
맨 위에 완자와 호두, 은행, 잣, 대추를 고명으로
얹는다.

15 준비한 육수를 끓여 국간장과 소금으로 간을 맞추어
신선로에 붓는다.

16 가운데 화통에 불을 피워 넣고 끓는 상태로 상에
낸다.

● 연료는 숯, 고체 알코올, 양초 등을 사용한다.

『이조궁정요리통고』에 나온 조리법대로 재연한 신선로.
전복, 해삼 등 해산물이 들어가는 것이 특징이다.

13　　　　　14　　　　　14

궁중의 연회

『진찬의궤(進饌儀軌)』(1848) 진찬도와 원문. 궁중 잔치 음식상에 신선로 형태의 검은 색 식기가 두 개 보인다.

조선 궁중의 잔치

궁의 잔치는 규모나 의식 절차에 따라 진풍정(進豊呈), 진연(進宴), 진찬(進饌), 진작(進爵), 수작(授爵) 등으로 부른다. 하루에 끝나는 것이 아니라 3~5일에 걸쳐 밤낮으로 여러 차례 열리며, 잔치의 종류에 따라 주최하는 이와 손님들이 달라지고 그 규모도 차이가 난다.

잔치는 참여하는 사람에 따라 외연과 내연으로 나뉜다. 외연은 실질적으로 정치를 주도하는 군신이 주축이 되어 왕을 주빈으로 모시고 여는 잔치이고, 내연은 왕실 여성을 주인공으로 하며 세자빈이나 봉호를 가진 여성이 주축이 되는 연향이므로 왕실 친인척이 참여하기도 하였다.

궁중의 잔치는 왕이 원한다고 마음대로 열 수 있는 것이 아니었다. 왕·왕비·대비 등의 회갑·탄일·사순·오순·망오(41세)·망육(51세) 등 특별한 날, 또는 왕이 존호를 받거나, 기로소에 들어가는 날, 왕세자 책봉, 가례, 외국 사신 영접 등

국가적인 경사가 있을 때에만 열었다.

왕실의 잔치는 그 기쁨을 백성과 함께 나누어야 바람직한 것으로 여겼으므로 흉년이 들어 백성들이 어려운 형편에 놓이면 왕실에 경축할 만한 일이 있어도 연향을 오랫동안 연기하거나 아예 베풀지 않기도 했다. 현종 대(1659~1674)에는 흉년으로 한 차례도 연향을 베풀지 않았다. 숙종 즉위 30년이 되던 1703년에도 축하 행사 논의가 있었으나 '흉년으로 백성이 곤궁하니 금년뿐 아니라 명년도 불가하다'라는 견해가 대두되어 논의가 수그러들었다. 1705년에 다시 세자와 제신들이 간곡히 청하여 4월에 진연을 베풀기로 하였는데, 기상이변 등의 이유로 두 번이나 연기한 후 결국 1706년 8월에나 실행에 옮길 수 있었다.

이처럼 연회를 열어야 할 일이 생기면 먼저 신하들이 잔치를 베풀기를 청하는데, 왕은 국가의 재정·궁궐의 분위기 등을 이유로 여러 차례

사양하며 쉽사리 허락하지 않는다. 그러나 신하들이 계속 청하면 마지못해 이를 받아들이더라도 그 규모를 줄이라고 지시했다.

왕의 허가가 떨어지면 잔치를 열기로 한 날로부터 수개월 전에 준비하기 시작한다. 행사를 준비하기 위해 도감이라는 임시 관청을 설치하고, 그 책임을 맡는 관원을 공직자 중 선정하여 임시로 겸직 발령하고 연회 당일의 의식 순서, 무용, 노래, 음식 등의 절차와 필요한 물품을 준비하도록 하였다. 특히 음식은 연회에 맞는 상차림의 크기 및 음식의 수와 내용을 정하고 찬품단자 또는 음식발기라는 문서를 작성하여 잔치 음식의 종류와 필요한 식품의 분량 등을 모두 기록하였다.

드라마 〈대장금〉에는 음식과 더불어 춤과 노래를 즐기는 아름다운 연회의 모습이 등장한다.

연회 음식의 꽃, 신선로

궁중의 잔치 기록인 『진연의궤(進宴儀軌)』의 찬품에는 신선로의 재료로 소 안심고기·곤자소니(소의 창자 끝에 달린 기름기가 많은 부분)·간·천엽·돼지고기·돼지 새끼·꿩·묵은닭·전복·해삼·숭어·달걀·표고버섯·미나리·무·녹말·밀가루·파·참기름·간장·후추·잣·은행·호두 등 무려 25종류의 식재료를 열거하고 있다. 신선로에는 채소뿐만 아니라 여러 종류의 고기와 생선이 사용되어 매우 화려하였다.

신선로의 모양과 조리법이 처음으로 기록된 문헌은 숙종 때 어의를 지낸 이시필이 쓴 『소문사설(謏聞事說)』(1740)이다. 이 책에는 '열구자탕(悅口子湯)'으로 기록되어 있으며 중국에서 유래한 것이라고 설명하고 있다. 옛 조리 문헌인 『규합총서』, 『임원십육지』, 『규곤요람』, 『동국세시

1 『조선무쌍신식요리제법』(초판 1924, 증보 1936) 표지의 신선로.
2 『소문사설』의 열구자탕 기록 원문. 열구자탕은 '신선로' 또는 '구자, 열구자, 열구자탕'으로 혼용하여 썼다. 한자로 쓸 때, 신선로는 '神仙爐', '新設爐'를 사용하며, 열구자탕은 '悅口資湯', '悅口子湯', '熱口子湯' 또는 줄여서 '悅口子', '口子'로도 썼다.

기』 등에는 신선로에 들어가는 재료와 조리법이 조금씩 다르게 나타난다. 신선로는 점차 조선을 대표하는 음식으로 자리 잡게 되었고, 근대 시기 요리옥의 상차림 가운데 빠질 수 없는 화려한 음식으로 여겨졌다. 20세기 초중반에 발간된 요리책의 표지에도 신선로 그림이 많이 나타났다.

드시는 분의 미소를 그리며 삼색단자

 어둠이 내린 깊은 밤, 고마운 분에게 어떤 답례를 드리면 좋을까 고민하던 장금은 팔을 걷어붙이고서 은행을 찧고 대추를 채 썬다.

한입 크기로 썬 찰떡에 잣가루와 은행가루, 대추채, 밤채를 묻혀 세 가지 단자를 만든 장금이 부지런히 찾아간 곳은 민정호가 숙직하는 곳이었다. 단자가 가득 담긴 석작을 건네며 장금은 이렇게 말한다. '저는 음식을 만들면서 늘 먹는 분 얼굴에 미소가 지어지기를 기원합니다. 부디 제 고마움이 이 음식으로 전해지길 바랍니다.' 음식 만드는 이의 심성을 담은 말이다.

고임떡을 장식하는 찰떡 | 삼색단자

단자는 찹쌀로 만든 조그만 찰떡으로 질감은 인절미와 비슷하다. 찹쌀가루에 석이버섯, 은행, 쑥, 유자, 율무, 대추 등의 재료를 섞어서 쪄낸 뒤 절구에 끈기가 날 때까지 치고 새알만 하게 자른 다음 꿀을 바르고 잣가루, 거피팥 고물, 밤채, 대추채 등을 묻힌다. 단자는 본래 단독으로 쓰기보다 연회상에 오른 고임떡을 장식하는 떡으로 많이 쓰였다.

쑥단자   대추단자   석이단자

쑥단자

재료 및 분량

찹쌀 1컵(160g), 소금 1½작은술, 쑥 50g,
꿀 1큰술(20g)

고물 거피팥 ¾컵(120g), 소금 ½작은술

소 거피팥 고물 ½컵(100g),
계핏가루 ⅓작은술, 꿀 1작은술

소금물 소금 1작은술, 물 1컵

준비하기

1 찹쌀은 씻어 찬물에 2시간 동안 불려서 소쿠리에
  건져 20분 동안 물기를 뺀 후, 소금 ½작은술을 넣고
  믹서에 곱게 갈아 고운체에 친다. 쌀가루가
  2컵(200g)이 된다.

2 쌀가루에 섞는 쑥은 연한 잎을 뜯어 소금을 넣은 끓는
  물에 삶은 후 찬물에 헹궈 물기를 꼭 짜 칼로 다진다.

3 고물은 거피팥을 미지근한 물에 1시간 동안 불려
  손바닥으로 비벼서 속껍질을 벗긴 후 물을 부어 가며
  씻어 껍질을 벗겨 제거한다.

4 말끔해진 하얀 팥알을 찜통에 면보를 깔고 40분 동안
  푹 쪄내어 소금을 뿌려 으깬 후 굵은체에 주걱으로
  눌러 내려 보슬한 고물을 만든다.

만들기

5 김이 오른 찜통에 젖은 면보를 깔고 찹쌀가루를 안쳐
  말갛게 익도록 약 10분간 찐다.

6 거피팥 고물 ½컵에 계핏가루와 꿀을 넣고 반죽하여
  지름 2cm의 막대 모양의 소를 만든다.

7 익힌 떡에 삶은 쑥을 넣고 절구에 쳐서 푸른빛이 고루
  들게 하여 도마에 놓고 편다. 편 떡에 팥소를 놓고
  돌돌 말아 꿀을 바르고 지름 2cm 굵기로 길게 늘여
  한입 크기로 떼어 낸 후 팥고물을 묻힌다.

2

3, 4

7

7

7

대추단자

재료 및 분량

찹쌀 1컵(160g), 소금 1½작은술,
대추 8개(32g), 꿀 1큰술(20g),
고물 밤 6개(300g), 대추 12개(48g)
소금물 소금 1작은술, 물 1컵

준비하기

1 찹쌀을 씻어 찬물에 2시간 동안 불려서 소쿠리에
  건져 20분 동안 물기를 뺀 후, 소금 ½작은술을 넣고
  믹서에 곱게 갈아 고운체에 친다. 쌀가루가
  2컵(200g)이 된다.
2 쌀가루에 섞는 대추 8개는 씨를 발라내어 곱게
  다진다(다지면 24g이 된다).
3 고물 중 밤은 껍질을 벗긴 후 얇게 편으로 썰어 곱게
  채 썰고, 대추는 얇게 돌려 깎아서 고운 채로 썰어
  섞는다(밤채는 210g, 대추채는 36g이 된다).

만들기

4 찹쌀가루에 다진 대추를 섞고, 김이 오른 찜통에
  젖은 면보를 깔고 말갛게 익도록 약 10분간 찐다.
5 찐 떡을 도마에 놓고 소금물을 바르며 끈기가
  나도록 한참 치대어 한 덩이로 뭉친다.
6 떡덩이에 꿀을 발라 1cm 두께로 편 후 한입 크기로
  네모지게 썰어 고물을 묻힌다.

석이단자

재료 및 분량

찹쌀 1컵(160g), 소금 ½작은술, 불린 석이버섯 10g,
꿀 1큰술(20g)

고물 잣 ⅔컵(80g)

소금물 소금 1작은술, 물 1컵

준비하기

1 찹쌀을 씻어 찬물에 2시간 동안 불려서 소쿠리에 건져
  20분 동안 물기를 뺀 후, 소금 ½작은술을 넣고 믹서에
  곱게 갈아 고운체에 친다. 쌀가루가 2컵(200g)이 된다.

2 쌀가루에 섞는 불린 석이버섯은 돌을 제거하고
  물기를 꼭 짜서 곱게 다진다.

3 잣을 종이에 놓고 칼로 곱게 다져 가루로 만든다.

만들기

4 찹쌀가루에 다진 석이버섯을 섞고 김이 오른 찜통에
  젖은 면보를 깔고 말갛게 익도록 약 10분간 찐다.

5 찐 떡을 도마에 놓고 소금물을 바르며 끈기가 나도록
  한참 치대어 한 덩이로 뭉친다.

6 떡덩이에 꿀을 발라 1cm 두께로 편 후 한입 크기로
  네모지게 썰고 잣가루를 묻힌다.

궁중의 떡

잔치에 빠지지 않는 별식

한국인에게 떡은 밥처럼 늘상 먹는 음식은 아니지만 집안의 크고 작은 잔치, 제사, 고사 등과 같은 행사에 절대로 빠지는 법이 없는 음식이다. 예로부터 떡은 '밥 위에 떡'이라 하여 곧 맛있고 좋은 것을 상징하거나, '얻은 떡이 두레 반'이라 하여 나누어 먹는 음식으로서 서로의 정을 두터이하는 매개체 역할을 해왔다.

떡이란 곡물을 알갱이 또는 가루로 만들어 시루에 찌거나 절구에 치는 과정을 통해 소화하기 쉽고 먹기 쉬운 형태로 만든 음식이다.

한국 음식에서 떡은 생일이나 혼례에 쓰는 의례 음식 또는 시절식이나 간식으로서 특별한 의미를 갖는다. 의례 음식에서 보자면 돌에는 아이가 순수하고 무구하게 자라라고 하얀 백설기를 나누어 먹었고, 아이들 생일에는 액운을 막는다는 뜻에서 붉은색의 수수팥 경단을 해주었으며, 혼례에는 찹쌀로 봉치떡(붉은팥 시루떡)을 만들어 부부의 금슬이 찰떡처럼 끈끈하라는 축원을 담았다.

계절의 변화에 따라서 그 시기에 구하기 쉬운 식재료를 사용한 다양한 떡을 별식으로 해 먹기도 하였는데, 초봄엔 햇쑥을 넣은 쑥버무리, 삼월 삼짇날엔 진달래꽃 얹은 화전, 오월 단오엔 수리취를 넣은 차륜병, 구월엔 국화잎 얹은 국화전 등을 만들어 계절을 음미하였다.

잔치나 제사에서 떡을 높이 쌓아 올리는 형식은 집안 어른들과 조상들의 음덕을 기원하는 마음의 표현으로, 그 떡을 나눠 먹음으로써 여러 사

고임떡

마당에서 벌인 경로잔치 풍속화로 동이에 떡을 수북이 담아 가운데에 놓고 떡상을 차려 어른들께 대접하는 모습이다.

람이 복을 나누어 가질 수 있다고 여겼다.

떡의 종류는 만드는 방법에 따라 찌는 떡·치는 떡·빚는 떡·지지는 떡으로 나눌 수 있는데, 찌는 떡은 백설기나 두텁떡과 같이 곡물을 가루내어 시루에 안치고 솥 위에 얹어 증기로 쪄내는 시루떡을 말하며, 치는 떡은 떡가루를 시루에 쪄낸 다음 절구에 넣고 쳐서 끈기가 나게 한 떡으로 인절미·가래떡·절편 등이 있다. 빚는 떡은 쌀가루를 익반죽하여 손으로 모양 있게 빚어 만드는 떡으로, 송편이나 경단·단자류가 여기에 속한다. 지지는 떡은 주로 찹쌀가루를 익반죽하여 모양을 만든 후 기름에 지진 것으로 화전·주악·부꾸미 등이 있다.

주인공의 공덕을 기리는 고임떡

궁중 연회에서 왕과 왕족에게는 많은 가짓수의 음식을 높이 고인 고임상을 올린다. 고임은 음

떡이 중심에 놓인 연회상차림

식에 따라 높이가 다른데 이 중 가장 높이 고이는 음식은 떡으로 1자3치(약 40cm)에서 1자7치(약 52cm)로 높이 고인다.

각색병(各色餠)은 고임떡으로, 다양한 종류의 떡을 한 그릇에 고여 연회상에 차린 것이다. 다양한 종류의 메시부뗙을 한 그릇에 고인 깃을 각색경증병(各色粳甑餠), 찰시루떡을 고인 것을 각색점증병(各色粘甑餠)이라고 불렀다. 고종 대에 베푼 연회에서 떡의 종류를 살펴보면 점증병이 5~7가지, 경증병이 4~10가지, 주악과 화전이 2~7가지, 단자와 잡과병이 1~4가지로 한 상에 올라간 떡의 종류는 다른 음식에 비해 매우 많은 편이었다. 연회의 규모나 상차림의 형태에 따라 각색병은 여러 떡 종류를 한 그릇에 같이 담기도 하고, 여러 그릇에 나누어 담기도 하였다.

각색병은 상차림 중심에 놓거나, 여러 그릇에 나누어 고인 떡의 경우 양쪽 가장자리에 놓고 화려한 꽃으로 그 위를 장식한다. 이러한 배치는 궁중 연회에서 떡이 매우 중요한 찬품으로 이용되었음을 나타낸다.

떡을 비롯해 궁중의 연회에 차려진 음식은 잔치에 참가한 종친이나 고관대작을 통해 상류 사회에 퍼져 나갔다. 오늘날 돌잔치나 회갑연의 잔칫상에 음식을 높게 쌓는 풍습도 모두 궁중 연회에서 유래한 것이다.

백성에게 나누어 주는 고임 음식

왕실에서 잔치를 할 때는 그 기쁨을 백성과 함께 나누어야 한다고 여겼기 때문에, 연회가 끝난 후 궁궐에서는 연회에 올린 떡을 비롯한 고임 음식을 사대부 이하 서민에 이르기까지 나누어 주었다. 또한 왕은 백성과 함께 즐긴다는 의미의 여민동락(與民同樂) 정신을 실현하고자 노인들에게 쌀과 고기를 내리거나 가난한 자들에게 쌀을 내려 주고, 거지들을 구휼하며 전세(田稅)를 줄이고 환곡(還穀)을 탕감해 주는 등 선정(善政)을 베풀었다.

화양적과 전복초

화려한 연회의
고임음식

“ 연산군 시절 궁중 연회의 음식 준비가 한창일 무렵, 신선로를 정갈하게 차리
던 한 상궁 앞자리에는 전복초를 가지런히 담는 최 상궁이 앉아 있다. 나인들
을 감독하러 찾아온 최고상궁은 꼼꼼하게 둘러보다 알록달록하게 꿴 화양적
을 들어 냄새를 맡더니, 인상을 찌푸리며 궁녀의 이마에 내던진다. '상감마마
가 좋아하시는 들기름의 양을 여태 몰랐단 말이냐'며 크게 꾸짖는 최고상궁.
화려한 연회음식을 대표하는 두 가지 음식을 세심하게 준비하는 모습이다. ”

연회상의 호화로운 산적 | 화양적

화양적은 쇠고기와 도라지, 표고버섯, 달걀 등 오색의 재료를 익혀서 꼬치에 판판하게 꿴 누름적으로 궁중
연회상의 고임에 쓰였다. 가운데에 전복초나 홍합초를 곁들여 담기도 한다.

궁중의궤에 나온 화양적의 재료로는 쇠고기뿐만 아니라 돼지고기도 사용되었으며 꿩, 닭, 오리, 등골·
두골·양 등 내장과 숭어·전복·해삼·낙지 등 해산물과 석이버섯, 동아 등의 다양한 식재료가 두루 사용
되었다.

화양적

재료 및 분량

쇠고기(우둔살) 150g, 표고버섯 3개(큰 것, 24g),
통도라지 3개(45g), 당근 2토막(5cm, 140g,
소금 ½작은술), 오이 3토막(5cm, 180g, 소금 1작은술),
달걀 3개, 소금 ⅔작은술, 식용유 3½큰술

고기 양념 간장 2큰술, 설탕 1큰술, 다진 파 1큰술,
다진 마늘 2작은술, 깨소금 2작은술, 참기름 2작은술,
후춧가루 약간

채소 양념 소금 1작은술, 다진 파 1큰술,
다진 마늘 2작은술, 깨소금 2작은술, 참기름 1큰술

잣즙 잣가루 2큰술, 참기름 1작은술, 육수 3큰술,
소금 ½작은술

준비하기

1 쇠고기는 0.8cm 두께로 크게 떠서 잔칼집을 많이
  넣는다. 표고버섯은 큰 것으로 골라 미지근한 물에
  1시간 동안 담가 불린 뒤 0.8cm 폭으로 썬다.

2 통도라지와 당근은 길이 5cm, 폭 0.8cm 막대
  모양으로 썰어 끓는 물에 소금 ½작은술을 넣고 데쳐
  찬물에 헹군 후 물기를 빼둔다. 오이도 같은 크기로
  썰어 소금에 절였다가 물기를 빼둔다.

3 달걀은 흰자, 노른자를 나누어 각각 소금 ⅛작은술을
  넣고 잘 푼다. 달군 팬에 식용유를 얇게 바르고
  달걀물을 붓고 약한 불에 윗면이 마르기 전에 2번
  접어서 0.8cm 두께로 지단을 부친다. 식힌 뒤 다른
  재료들과 같은 크기로 썬다.

4 잣가루에 소금, 참기름을 넣고 육수를 넣으며
  숟가락으로 한참 저어 뽀얀 잣즙을 만든다.

만들기

5 간장에 파, 마늘을 다져 넣고 나머지 양념을 섞어
  고기 양념장을 만든 후 고기와 표고버섯에 각각
  양념한다. 고기는 10분 동안 재웠다가 팬에 식용유
  1큰술을 두르고 중간 불에 다 익을 때까지 익혀 5cm
  길이의 막대 모양으로 썬다. 표고버섯은 팬에 식용유
  ½큰술을 두르고 중간 불에 3분 동안 볶는다.

6 채소 양념을 만들어 통도라지·당근에 나누어 각각
  양념하고, 오이는 따로 양념하지 않는다. 팬에 식용유
  ½작은술씩 두르고 각각 센 불에 볶아서 식힌다.

7 준비한 재료들을 색 맞추어 늘어놓고(쇠고기, 도라지,
  당근, 오이, 황백 지단, 표고버섯 순서) 가는 대꼬치로
  똑같은 순서로 가운데를 꿰어 같은 길이가 되도록
  양끝을 다듬는다.

8 산적을 돌려 담거나 줄지어 담고 잣즙을 끼얹는다.

재료　　　　　　　　1, 2, 3　　7

화양적   전복초

전복초

재료 및 분량

생전복 7개(600g, 손질 후 150g), 은행 10개(20g), 잣가루 1작은술, 식용유 ½작은술

조림장 간장 4큰술, 설탕 2큰술, 물 1컵(200mL), 꿀 1큰술, 대파 1cm(2토막, 20g), 마늘 1쪽(5g), 생강편 2조각(3g), 홍고추 ½개(10g)

녹말물 녹말 2작은술, 물 2작은술

준비하기

1 생전복은 끓는 물에 넣어 1분 동안 데친 후 숟가락으로 껍데기에서 살을 떼어 낸다. 전복의 내장을 떼어 내고 씻어서 한 면에 0.5cm 간격으로 가로세로 잔칼집을 넣는다.

2 마늘과 생강은 얇게 저미고 대파는 1cm 길이로 잘라 반 가르고, 홍고추는 반으로 갈라 씨를 제거하고 대파와 같은 크기로 썬다.

3 은행은 달군 팬에 식용유 ½작은술을 두르고 중간 불에 푸른색이 될 때끼지 볶아 껍질을 벗긴다.

4 녹말을 물에 푼다.

만들기

5 냄비에 분량의 간장, 물, 설탕을 넣고 끓이면서 얇게 썬 마늘, 생강, 홍고추를 넣어 끓인다.

6 손질한 전복을 넣고 장물을 끼얹으며 국물이 1큰술 남을 때까지 약한 불로 조리고 대파를 넣는다.

7 남은 조림장에 녹말물을 넣고 뒤적여 윤기나게 만든다.

8 그릇에 보기 좋게 담아 잣가루를 뿌린다.

● 전복 껍데기를 그릇으로 활용해 전복초를 담고 은행을 올린 후 잣가루를 뿌려 담아 내도 좋다.

생전복

5, 6

7

연회 의궤는 궁중 음식의 보고

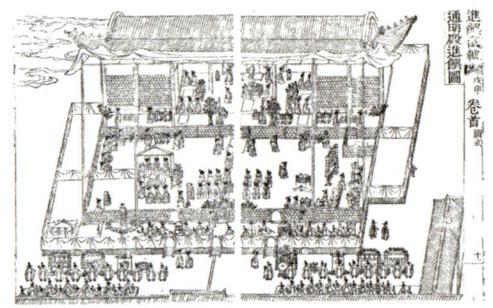

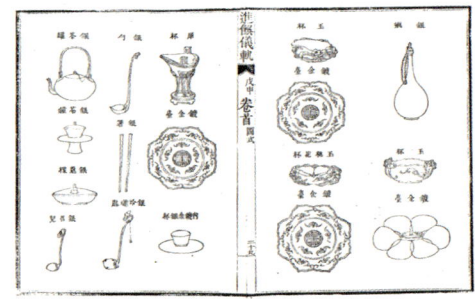

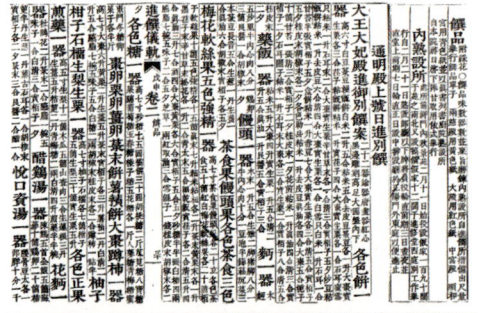

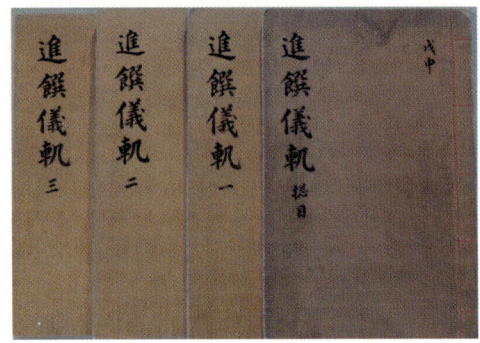

각 의궤 찬품(饌品) 부문에는 음식을 준비하는 행사명과
장소, 각 잔치마다 차린 음식의 가짓수와 높이·상과 그릇의
종류가 기술되어 있으며, 각 음식 이름 아래에는 작은 글씨로
음식에 쓰인 식품 재료의 종류와 분량이 적혀 있다.

행사에 쓰인 음식과 식재료 기록

의궤(儀軌)란 나라에 큰일이 생기거나 경사스러
운 일이 있을 때 후세에 참고로 삼도록 그 일의
논의 과정, 준비 과정, 의식 절차, 진행, 행사가
끝난 후 유공자의 포상에 대한 것 등을 기록한

문서이다. 행사를 준비하는 임시 관청인 도감
에서는 행사 일체의 과정을 날짜 순으로 기록
한 등록(謄錄)이라는 문건을 만드는데, 이 등록
에 추가로 자료를 보완하여 최종적으로 정리,
기록한 것이 의궤이다. 행사가 끝난 후 의궤는
어람용, 보관용, 수고한 자들을 위한 포상용으
로 여러 권을 제작하였다.

각 의궤에는 의식과 관련된 참가자들의 행렬
모습을 그린 반차도(班次圖)를 포함하여 행사
장소와 행사 모습을 그려 넣은 도식(圖式), 행
사에 쓰인 음식과 식재료를 적은 글인 찬품(饌
品), 기물을 배치하는 일을 적은 배설(排設) 등
의 항목이 포함되어 있어 궁중 연향의 구체적
인 모습을 알려 주는 중요한 자료이다. 특히 찬
품(饌品) 부문에는 행사에 사용된 음식들에 대
한 자료가 기록되어 있는데, 신분에 따른 상차
림명과 의례 순서에 따라 올리는 음식이 구체
적으로 기술되어 있다. 의궤는 조선 건국 직후
부터 편찬하기 시작하여 일제강점기까지 계속
되었으나 조선 전기의 의궤는 임진왜란
(1592~1598)을 겪으면서 화재로 인하여 소실
되거나 왜병에 의한 약탈로 모두 유실되어 현

재 남아 있지 않다. 현존하는 의궤는 모두 그 이후 제작된 것들이다.

음식발기에 연회 메뉴 적어

음식발기는 진찬, 진연 혹은 각종 제사 그리고 생신, 길례, 진지 등에 차려지는 음식물의 목록 및 참석자의 직책과 그들에게 내린 음식상의 종류 등을 적은 문건이다. 찬안(饌案), 찬품단자(饌品單子), 음식발기 등의 이름으로 불리기도 한다. 궁중 연회에 관한 것은 진어(進御) 및 사찬(賜饌)발기, 제례 혹은 상례에 관한 것은 진향(進享)발기이다. 이 외에도 다례(茶禮)발기, 왕이 신하나 백성에게 하사하는 물품 목록을 작성한 반사(頒賜) 물목 발기, 탄일이나 생신·양로연에 왕족뿐 아니라 내외빈·척신 손님께 베푼 음식 내용을 기록한 발기뿐 아니라 천연두와 같은 특이한 병후 회복을 위한 음식발기나 약방에서 올린 발기 등 남아 있는 종류만도 500여 종에 이른다. 음식발기는 간혹 민간에서도 발견되는데, 이는 궁 밖에 사는 왕족이나 출가한 공주에게 경사가 있을 때에 하사품을 적어둔 것이다.

'천만세 동궁마마 관례시 사찬상 발기'에 나타난 화양적과 전복초

'천만세 동궁마마 관례시 사찬상 발기'는 1882년 1월에 당시 왕세자였던 순종(純宗, 1907~1910)의 관례가 거행됐을 때 신하들에게 하사한 음식을 기록한 발기이다. 하사된 음식은 각색편, 전

궁중 잔치에 음식을 내기 전 올리는 찬품단자는 신분에 따라 종이의 색이 다르다.

'천만세 동궁마마 관례시 사찬상 발기'에는 화양적과 전복초가 한 그릇에 담긴 것을 볼 수 있다.

복초와 화양적, 생선전유어, 양전유어, 편육, 수단, 청포(묵), 각색실과, 각색정과, 생리(배)수정과, 초장, 개자, 청(꿀)이다.

3 궁중 음식,
   어떤 뜻이 담겼을까?

해로운 음식을 상에 올릴 수는 없다. 수라를
올리는 이들이 마음속 깊이 새기고 있던 말이
다. 간단한 다과상에서 화려한 잔칫상에 이르기
까지, 궁중 음식은 대수롭지 않은 것이 없었다.

당뇨가 있는 사신에게 대접한 나물밥상 · **채소 밥상**

장수를 뜻하는 오색오미 · **갈비찜**

달콤한 한입 거리 음식 · **다식과 약과**

목마른 이를 위하여 · **유자화채와 호박편**

채소밥상

당뇨가 있는 사신에게
대접한 나물밥상

> 조선은 외국에서 방문한 손님에게 예를 갖추어 극진하게 대접해야 했다. 마침 중국에서 온 명나라 사신에게 한 상궁과 장금은 정성 들인 최고의 음식을 만들 기회를 갖게 되었다. 하지만 장금은 사신이 오랫동안 당뇨를 앓고 있음을 알아 채고 화려한 음식 대신 연이어 닷새 동안만 채소 음식을 먹어볼 것을 권하였다. 그 후 당뇨가 완화된 사신은 장금을 칭찬하였고 그로 인해 외교 관계에 있어서 어려운 일까지 해결하게 되었다. 요리하는 이는 먹는 이의 몸을 살펴 이로운 음식을 만들어 병을 치료한다는 식치가 통하는 순간이었다.

건강한 채소 밥상 | 각색채

나물은 원래 생채(生菜)와 숙채(熟菜)의 총칭이다. 대개 나물 하면 숙채를 가리키는데, 삶아서 무치거나 말려 두었다 불려서 볶아 먹는 경우가 대부분이기 때문이다. 나물 재료로는 식물의 뿌리, 잎, 줄기, 열매 등 다양 하게 사용되며, 주로 무, 도라지, 고사리, 고비, 죽순, 오이, 시금치, 취, 가지, 호박, 표고버섯, 느타리버섯, 콩나물, 숙주, 무청 등이 활용된다.

나물은 봄철에 시절식으로 많이 쓰였다. 봄이 시작되는 입춘(立春)이면 궁중에서도 매운맛이 나는 다섯 가지 나물인 오신채로 밥상을 차려 임금에게 올렸고, 민간에서도 서로 나누어 먹었다. 오신채는 움파, 산갓, 미나리싹, 무싹 등 자극성이 강한 채소의 새로 돋아난 싹이다. 입춘채(立春菜)는 추운 겨울 동안 먹지 못하던 신선한 채소를 먹으면서 봄을 맞이할 준비를 하고자 하는 의미가 있다.

각색숙채 도라지·고사리·애호박·표고버섯·오이나물

재료 및 분량

도라지나물
도라지 200g, 소금 1작은술, 물 ½컵, 식용유 1작은술,
물 5큰술

양념 소금 1작은술, 다진 파 2작은술, 다진 마늘 1작은술,
설탕 ½작은술, 깨소금 1작은술, 참기름 1작은술

고사리나물
불린 고사리 250g, 식용유 1작은술, 물 5큰술

양념 국간장 1큰술, 다진 파 2작은술, 다진 마늘 1작은술,
깨소금 1작은술, 참기름 1작은술, 후춧가루 약간

애호박나물
애호박 1개(300g), 소금 1큰술, 물 1컵, 홍고추 ½개,
식용유 1작은술

양념 다진 파 2작은술, 다진 마늘 1작은술, 참기름
1작은술, 깨소금 1작은술

표고버섯나물
생표고버섯 10개(300g), 식용유 2큰술

양념 소금 1작은술, 참기름 1작은술, 깨소금 1작은술

오이나물
오이 2개(230g), 소금 2작은술, 물 ½컵, 식용유 1작은술

양념 다진 파 2작은술, 다진 마늘 1작은술, 깨소금
1작은술, 참기름 1작은술

준비하기

1 도라지를 5cm 길이로 잘라서 소금물을 붓고
  바락바락 주물러서 찬물에 헹궈 쓴맛을 뺀 후 끓는
  물에 2분 동안 데쳐 찬물에 헹군다.

2 불린 고사리의 단단한 줄기 부분을 잘라 내고 5cm
  길이로 잘라 놓는다.

3 애호박은 길이대로 반을 갈라 반달 모양으로 썰어
  분량의 소금물에 넣고 20분 동안 절여 면보에 물기를
  짠다.

4 생표고버섯은 흐르는 물에 얼른 씻은 후 기둥은 떼고
  면보로 닦아 2mm 두께로 썰어 놓는다.

5 오이를 소금으로 문질러 씻어 0.5cm 두께로 둥글게
  썰어 분량의 소금물에 절였다 꼭 짠다.

만들기

6 손질한 도라지와 고사리에 각각의 양념을 넣어 무쳐
  둔다.

7 팬에 식용유 1작은술씩 두르고 각각의 나물을 중간
  불에 볶는다. 도중에 물 5큰술씩 넣고 뚜껑을 덮어
  약한 불로 줄여 국물이 1큰술 남을 때까지 뜸을
  들인다.

8 애호박은 달군 팬에 식용유 1작은술을 두르고 중간
  불에 볶다가 양념을 넣어 호박이 투명해질 정도로
  7~8분 동안 볶고, 홍고추를 짧게 채로 썰어 넣는다.

9 표고버섯은 달군 팬에 식용유 2큰술을 두르고 중간
  불에 볶다가 양념을 넣어 숨이 죽을 때까지 볶는다.

10 절인 오이를 식용유를 두른 팬에 양념과 함께
   파랗게 볶는다.

재료

6

사색숙채 콩나물·시금치·숙주·가지나물

재료 및 분량

콩나물

콩나물 300g, 물 1컵(200mL), 소금 1작은술, 홍고추 1개

양념 소금 ½작은술, 국간장 1작은술, 다진 파 2큰술,
다진 마늘 1큰술, 참기름 2큰술, 깨소금 1큰술

숙주나물

숙주 300g, 소금 1작은술

양념 소금 ½작은술, 국간장 ½작은술, 다진 파 2작은술,
다진 마늘 1작은술, 참기름 1작은술, 깨소금 1작은술

가지나물

가지 3개(쪄서 찢은 것 300g)

양념 소금 ½작은술, 국간장 2작은술, 고춧가루 1작은술,
다진 파 2큰술, 다진 마늘 1큰술, 식초 1작은술, 깨소금
1작은술

시금치나물

시금치 300g, 소금 1작은술

양념 소금 ½작은술, 국간장 ½작은술, 다진 파 2작은술,
다진 마늘 1작은술, 참기름 1작은술, 깨소금 1작은술

준비하기

1 콩나물은 뿌리를 다듬고 씻어서 물과 소금을 넣고
뚜껑을 덮어 10분 동안 삶은 후 체에 쏟아 물기를
뺀다.

2 숙주는 꼬리를 떼고 씻어 끓는 물에 소금 1작은술을
넣고 3분 동안 삶은 다음 건져 물기를 뺀다.

3 가지는 꼭지를 따고 씻어 반으로 쪼갠다. 김이 오른
찜통에 넣어 5분 동안 찐 다음 식혀 5~6cm 길이로
찢는다.

4 시금치는 뿌리를 잘라 내고 시든 겉잎은 다듬어 끓는
물에 소금 1작은술을 넣고 뚜껑을 연 채로 데친다.
숨이 죽을 때까지 파랗게 데쳐 찬물에 헹구어 물기를
빼고 5cm 길이로 썬다.

만들기

5 손질한 나물들에 각각의 양념을 넣어 무치고,
콩나물과 숙주나물에는 채 썬 홍고추로 장식한다.

재료

3

4

5

비빔밥, 콩나물맑은국, 나박김치, 약고추장
(왼쪽 아래부터 반시계방향으로)으로 차린 비빔반상.

숙채비빔밥(골동반)

재료 및 분량

흰밥 4공기, 쇠고기(다진 것) 100g, 달걀 1개,
소금 ¾작은술, 참기름 1작은술
도라지나물, 고사리나물, 시금치나물, 콩나물, 무나물,
표고버섯나물, 오이나물, 애호박나물
고기 양념장 간장 1큰술, 실딩 ½큰술, 디진 파 2작은술,
다진 마늘 1작은술, 참기름 1작은술, 깨소금 1작은술,
후춧가루 약간

준비하기

1 각종 나물을 만든다.
2 다진 쇠고기에 고기 양념장을 만들어 무쳐 팬에 담고
　중간 불에 볶는다.
3 달걀은 노른자와 흰자를 분리하여 소금 ¼작은술씩
　넣고 푼다. 달군 팬에 식용유를 얇게 바르고 약한 불에
　황백 지단을 부쳐 채 썬다.

만들기

4 밥에 볶은 쇠고기와 참기름, 소금 ¼작은술을 넣어
　간을 맞추고 고루 비벼 밑간을 한다.
5 비빔밥 그릇에 나누어 담은 후 준비한 나물은 색을
　맞추어 얹고 지단을 그 위에 장식하여 낸다.

콩나물맑은국

재료 및 분량

콩나물 200g, 대파 30g, 소금 1작은술,
물 4컵, 다진 마늘 1작은술

준비하기

1 콩나물은 꼬리를 떼고 씻는다. 대파는 어슷하게 썬다.

만들기

2 냄비에 콩나물과 물, 소금을 넣고 뚜껑을 덮어 끓인다.
　끓어오르면 중간 불로 줄여 10분 동안 끓인다.
3 다진 마늘과 어슷하게 썬 대파를 넣고 불을 끈 후
　뚜껑을 덮어 3분 정도 둔다. 국그릇에 담아 낸다.

● 비빔반상을 차릴 때는 콩나물맑은국, 나박김치, 약고추
　장, 참기름을 함께 낸다.
● 약고추장은 '상추쌈 차림(46쪽)'을 참고한다.
● 나박김치는 무, 배추를 한입 크기로 네모지고 납작하게
　썰어 소금에 절인 후 물기를 빼고 채썬 파, 마늘 생강을 넣
　고 버무려 고춧가루를 풀어서 거른 심심한 소금물을 부어
　익힌다.
● 나물은 '각색숙채'와 '사색숙채'를 참고한다.
● 나물은 흰색, 푸른색, 갈색의 나물들을 골고루 3~9가지
　까지 마음대로 쓸 수 있다

각색생채 무·오이·도라지 생채

재료 및 분량

무생채

무 300g, 소금 1큰술

양념 고운 고춧가루 1큰술, 설탕 1큰술, 식초 1큰술,
다진 파 ½큰술, 다진 마늘 ½큰술, 다진 생강 ½작은술,
참기름 1작은술, 깨소금 1작은술

오이생채

오이 1개(230g), 소금 2작은술, 물 ½컵

양념 국간장 1작은술, 설탕 1작은술, 다진 파 1작은술,
다진 마늘 ½작은술, 깨소금 1작은술, 식초 1작은술

도라지생채

도라지 200g, 소금 1작은술

양념 고추장 2큰술, 고운 고춧가루 1작은술, 설탕 1큰술,
식초 1큰술, 다진 파 1작은술, 다진 마늘 ½작은술,
깨소금 2작은술

준비하기

1 무는 껍질을 벗기고 0.3cm 두께로 둥글게 썰어 채 썬
  후 소금을 뿌려 절인다.

2 오이는 둥글게 썰어 소금물(소금 2작은술, 물 ½컵)에
  절인다.

3 도라지는 가늘게 찢어 5cm 길이로 잘라서 소금을
  넣고 바락바락 주물러서 찬물에 헹궈 쓴맛을 뺀다.

만들기

4 절인 무와 오이는 물기를 짠다.

5 무채는 무채에 먼저 고운 고춧가루를 넣고 고루
  주물러 붉은색을 들이고, 나머지 양념을 섞어 넣고
  무친다.

6 오이생채는 분량의 양념을 넣어 무친다.

7 도라지생채는 고추장과 고춧가루를 넣어 붉은 색을
  낸 후 나머지 양념을 넣고 무친다.

재료

5

생채비빔밥

재료 및 분량

쇠고기(얇게 썬 것) 200g, 상추 50g, 새싹 채소 20g,
양배추 100g, 당근 80g, 주키니 호박 100g,
소금 1½작은술, 식용유 1½작은술
고기 양념장 간장 1½큰술, 설탕 ½큰술, 다진 파
2작은술, 다진 마늘·청주·참기름 ½큰술씩, 깨소금
2작은술, 후춧가루 약간, 물 2큰술, 식용유 1작은술
초고추장 고추장 4큰술, 식초 2큰술, 설탕 1큰술,
물 2큰술

준비하기

1 상추는 씻어 채로 썰고 새싹 채소는 씻어서 순비한나.
2 양배추와 당근은 폭 0.5cm 채로 썰고, 주키니 호박은
   길이로 반을 가른 후 반달 모양으로 썬다.
   각각 ½작은술의 소금을 넣어 숨이 죽을 때까지 절인
   후 물기를 제거한다.
3 초고추장은 분량의 재료를 넣어 고루 섞는다.

만들기

4 쇠고기는 분량의 고기 양념장을 만들어 무쳐 5분
   동안 재웠다가 달군 팬에 식용유 1작은술을 두르고
   볶아 낸다.
5 양배추, 당근, 호박을 각각 ½작은술의 식용유를 두른
   팬에 볶는다
6 비빔밥 그릇에 밥을 먼저 담고 볶은 고기, 생채소와
   볶은 나물을 밥 위에 조금씩 얹어 내고 초고추장을
   곁들인다.

조선 음식철학을 담은 식이요법서

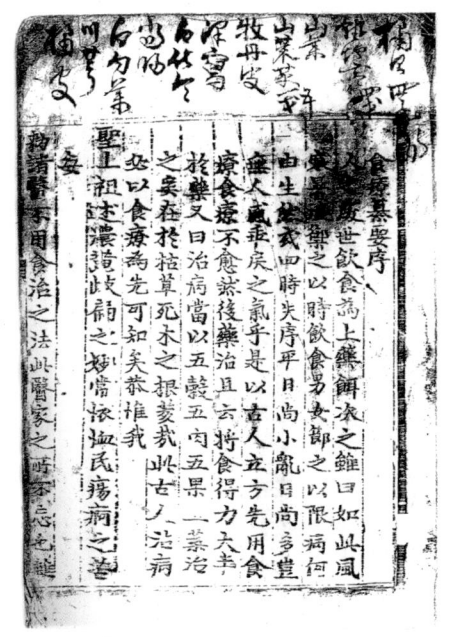

『식료찬요』 서문에는 "사람이 세상을 살아가는 데 있어 음식이 첫째이고 약은 그다음이다. 병을 치료할 때는 반드시 음식으로 치료하는 것을 우선으로 삼는다."라고 하였다.

음식으로 병을 치료

조선 시대에는 병이 나기 전에 음식의 적절한 섭생을 통해 예방하는 것이 중요하고 병들고 난 후의 처치는 그 다음이라고 생각하였다. '식치'란 음식으로 몸을 다스린다는 의미로 음식을 통한 섭생을 뜻한다. 조선 시대에 편찬된 『동의보감(東醫寶鑑)』(1613) 등의 의서와 농서들 역시 대체로 채식을 위주로 한 식생활에 여러 다양한 약재를 이용한 차, 술, 음료, 음식 등을 계절에 맞게 섭취함으로써 식품을 통해 자연스럽게 질병을 예방하고 건강을 증진시키는 것을 강조한다.

『동의보감』에는 "식품은 약물의 근원과 같다" 하여 매일 섭취하는 음식은 의약 못지않은 중요성

을 가지고 있다고 보았다. 그래서 일부 질환은 음식으로도 치료할 수 있고 치료를 보조하는 한 방편으로 음식을 사용할 수도 있다고 하였다. 즉, "몸을 건강하게 하는 기본은 음식물에 있고 음식물을 적당히 먹을 줄 모르는 사람은 생명을 보존할 수 없다."고 강조하며 상당 부분이 식이요법 처방과 관련된 내용에 할애되어 있을 뿐 아니라 곡식, 과실, 고기, 채소 등 다양한 식품의 성질과 효과 및 활용이 상세하게 열거되어 있다. 이처럼 약과 음식이 서로 다르지 않다는 생각은 궁중 음식의 식재료와 조리법 선택에 중요한 지침으로 작용하였다.

세조의 의약론

조선의 왕 중 세조는 천문·지리·의약과 같은 실용적인 학문도 중요시하였으며, 특히 의학과 의관 교육에 깊은 관심을 가진 임금이었다.

1463년 12월에 반포된 『의약론(醫藥論)』은 세조가 생각한 치병의 원리와 의원의 자세를 적은 글로 의사의 자질과 자세를 8종류로 나누어 설명했는데 이 중 심의(心醫)와 식의(食醫)가 바람직한 의사의 유형이라고 말하고 있다.

심의라는 것은 병자의 마음을 편하게 하는 의사이고, 식의라는 것은 음식으로 처방하여 몸을 돌보는 의사이다. 음식을 잘 먹게 되면 기운이 편안하고 음식을 잘 먹지 못하면 몸이 괴로워지기 때문에 질병의 치료에 앞서 예방을 강조하였고, 특히 병에 걸렸을 때 적절한 음식을 섭취함으로써 질병의 치료를 돕는 것을 바람직하게 여겼던 것이다.

어의가 편찬한 식이요법서

『식료찬요(食療纂要)』(1460)는 세종, 문종, 단종, 세조 대에 걸쳐 어의로 활동했던 전순의가 세조 6년(1460)에 편찬한 의서로, 식치의 중요성을 강조하던 세조의 뜻에 따라 기존의 의서에서 45가지 질병에 대한 식이요법 처방을 모아 쉽게 찾아 활용할 수 있도록 엮은 책이다. 식료(食療)는 식치(食治)와 같은 뜻으로서 음식을 통한 질병의 치료를 의미한다. 전순의는 『식료찬요』의 서문에서 "옛사람은 처방을 내리는 데 있어서 먼저 식품으로 치료하는 것을 우선하고 식품으로 치료가 되지 않으면 약으로 치료한다고 하였다."고 하며 식이요법의 중요성을 강조하였다. 또한 "병을 치료하는 데 당연히 오곡(五穀), 오육(五肉), 오과(五果), 오채(五彩)로 다스려야지 어찌 마른 풀과 죽은 나무의 뿌리에 치료 방법이 있을 수 있겠는가." 라고 하며 약과 음식이 서로 다른 것이 아님을 강조하고 있다.

왕실의 식치 음식

왕실의 대표적인 식치 음식은 죽으로 타락죽, 녹두죽, 연씨를 갈아 만든 연자죽, 소의 위인 양을 푹 곤 양죽 등 그 종류만도 수십 종에 달한다. 왕실에서는 특히 치료를 위해 약을 너무 오래 투여해서 입맛을 잃거나, 큰 병 후 회복하는 기간에는 약보다는 음식을 통해 기운을 회복하는 식치 방법을 강조하는 경우가 많았는데, 그때 가장 자주 처방되었던 음식이 죽이었다. 왕의 비서실이라고 할 수 있는 승정원에서 작성한 임금의 국정 기록 일지인『승정원일기(承政院日記)』의 기록에 따르면 가장 많이 상에 오르던 죽은 타락죽으로 특히 상중이라 임금이 고기를 먹을 수 없을 때 원기를 보충하기 위해 내의원에서 타락죽을 처방하는 경우가 많았다.

제호탕과 전약 또한 왕실의 식치 음식이면서 동시에 임금이 나이 든 신하에게 하사하던 특별한 음식이기도 하였다. 제호탕은 매실을 짚불에 그을려 말린 오매육(烏梅肉)·사인(砂仁)·백단향(白檀香)·초과(草果) 등의 한약재를 곱게 가루 내어 꿀에 재워 끓였다가 찬물에 타서 마시는 음료로, 더위가 본격적으로 시작되는 단오에는 임금이 더운 여름을 시원하게 보내라는 배려로 단오선이라는 부채와 함께 제호탕과 얼음을 하사하였다.

전약 역시 꿀, 아교, 계피, 건생강, 후추, 정향, 대추 등의 더운 성질을 가진 한약재를 넣고 푹 고아서 족편처럼 만든 것으로 동지에 추위로부터 몸을 보하라는 의미로 하사하던 음식이다.

전약

제호탕

장수를 뜻하는 오색오미 갈비찜

> 대왕대비 생신 축하연의 음식을 담당할 사람을 뽑기 위한 한 상궁과 최 상궁의 경합이 시작된다. 최 상궁의 모함으로 중간에 물러나게 된 한 상궁 대신 음식을 만들어 낸 장금은 음식 솜씨를 인정받아 왕에게 '소주방에서는 네가 최고다.'라는 찬사를 받는다. 3일 밤낮으로 열리는 궁중잔치는 많은 음식을 높이 고이고 오신 손님에게도 각각 상을 차려 화려하게 준비한다. 평소 자주 먹을 수 없는 맛있고 귀한 음식을 차리는데, 소를 잡으면 모든 부위를 이용해 음식을 차렸다. 옛날 고기는 지금처럼 연하지 않고 질겨서 잘 삶는 일이 중요했다.

잔칫날의 특별요리 | 갈비찜

한국 음식에서는 재료를 국물과 함께 끓여서 익히는 조리법과 증기로 쪄서 익히는 조리법을 모두 찜이라 부른다. 끓이는 찜은 쇠갈비, 쇠꼬리, 사태, 돼지갈비 등의 육류를 주재료로 하여 약한 불에 서서히 오래 익혀서 연하게 조리한다. 한국 사람들은 유독 쇠갈비를 좋아하고 고급 음식으로 여겨 명절이나 잔치, 손님 접대용 음식으로 즐겨 먹는다. 갈비는 지방을 제거하고 양념에 재워 고기를 부드럽게 한 후 표고버섯, 무, 당근 등 다양한 채소를 함께 넣고 조리하여 맛을 한껏 낸다.

갈비찜

재료 및 분량

갈비 2kg(삶은 후 1.6kg), 물 10컵(2L)
육수 갈비 육수 7컵(1.4L), 무 200g, 당근 100g,
마른 표고버섯 5개(작은 것 20g), 밤 5개(150g),
대추 8개(32g).
고명 은행 10개(15g), 잣 1작은술(5g), 달걀 1개,
미나리잎 8장, 식용유 1작은술, 소금 ½작은술
양념장 간장 8큰술, 설탕 4큰술, 다진 파 4큰술,
다진 마늘 2큰술, 참기름 2큰술, 깨소금 2큰술,
후춧가루 약간, 육수 1컵, 배즙 8큰술(배 ½개)

준비하기

1 갈비를 5cm 길이로 토막 내어 기름을 떼내고 찬물에
  1시간 정도 담가 핏물을 뺀다. 큰 냄비에 물 10컵을
  끓이다가 갈비를 넣어 20분 정도 삶아 건지고, 육수는
  차게 식혀 굳기름을 걷고 다시 면보에 갈비 육수를
  거른다.
2 삶은 갈비에 남아 있는 굳기름을 떼고 살 부위에
  가로세로 1cm 간격으로 칼집을 넣는다.

3 무와 당근을 4cm×2.5cm 크기로 토막을 내어
  모서리를 다듬고 육수에 넣어 5분 동안 삶아 낸다.
  표고버섯은 찬물에 1시간 동안 불려서 기둥을 뗀다.
4 밤은 껍질을 벗기고 대추는 씨를 뺀다. 은행은 팬에
  식용유 ½작은술을 두르고 중간 불에 푸른색이 될
  때까지 볶아 껍질을 벗긴다.
5 달걀은 흰자와 노른자로 나누어 소금 ¼작은술씩
  넣고 풀어 팬에 식용유를 얇게 바르고 약한 불에
  지단을 부쳐 사방 1cm의 골패형으로 썬다.
6 배는 껍질을 벗기고 강판에 갈아 양념할 그릇에
  나머지 양념장 재료와 함께 섞어 양념장을 만든다.

만들기

7 냄비에 손질한 갈비를 담고 양념장 ⅔분량을 넣어
  버무린 다음 준비한 육수를 갈비가 잠길 만큼 붓고
  중간 불에 갈비가 무르게 익을 때까지 끓인다.
8 갈비가 물러지면 삶은 무, 당근, 표고버섯, 밤, 대추를
  넣고 남은 양념장을 넣어 국물이 2컵 정도 남을
  때까지 찐다. 그릇에 담고 은행과 잣, 지단,
  미나리잎으로 장식한다.

갈비

1

2

3,4

6

7

갈비구이

재료 및 분량

갈비 1kg, 대파 1대, 잣가루 2큰술

고기 양념 간장 4큰술, 설탕 2큰술, 다진 파 3큰술,
다진 마늘 1½큰술, 깨소금 1½큰술, 참기름 1½큰술,
후춧가루 약간, 배즙 4큰술(배 ¼개, 80g)

준비하기

1 갈비를 6~7cm 길이로 토막 내어 기름을 떼낸다.
2 갈비살의 한편으로 칼을 넣어 한 줄로 이어지도록
　얇게 살을 저며 편 후 이음새 부분에 잔칼집을 많이
　넣는다.
3 간장에 나머지 고기 양념 재료를 모두 넣고 배를
　강판에 갈아 양념장에 넣어 고기 재울 양념을 만든다.
4 대파는 3cm 길이로 토막을 내어 가는 꼬치에 5개씩
　펜다.

만들기

5 손질한 갈비에 고기 양념을 고루 끼얹은 후 붙어 있는
　뼈에 살을 말아서 1시간 동안 재워 둔다.
6 갈비를 달군 팬이나 오븐 또는 숯불에 직화로 굽는다.
　한 면이 거의 익으면 뒤집어 나머지 한 면을 굽는다.
　갈비를 재웠던 남은 양념은 구울 때 바른다.
7 대파는 갈비를 구웠던 팬에 담아 양념을 조금씩 발라
　가며 굽는다.
8 구운 갈비와 대파를 그릇에 담고 잣가루를 뿌린다.

고기 양념　　　　2　　　　5

오기(五氣)와 오미(五味)를 먹는다

드라마 〈대장금〉 속 대왕대비 생신 축하연 모습.

궁중 연회의 주요 찬품인 고기 음식

궁중의 연회에서 고기는 매우 중요한 찬품이었다. 1887년 대왕대비의 팔순을 기념한 진찬에 오른 상차림 중 대선(大膳), 소선(小膳)은 고기 음식으로만 차렸다. 대선에는 돼지고기 편육과 닭구이, 소선에는 쇠고기 편육과 양고기 편육으로 고기의 종류가 겹치지 않도록 다양하게 구성하였다. 연회 중간에 술과 함께 올리는 미수(味數)상에는 닭, 양, 소, 생선 등으로 만든 탕이나

찜, 별미인 회나 만두 등 안주가 되는 음식을 차렸다.

궁중 연회에 사용되는 고기 종류는 닭, 꿩, 양, 소 등의 고기뿐 아니라 각종 생선, 마른 해삼이나 전복 같은 해산물 등 그 종류도 무척 다양하였으며 그중에서도 가장 광범위하게 사용된 것은 쇠고기였다.

소는 고기 이외에도 각종 부위가 모두 활용되었는데, 쇠고기로 만든 음식의 종류도 찜, 구이, 족편, 편육 등으로 매우 다양하였다. 옛날의 고기는 지금처럼 연하지 않고 매우 질겨서 연하게 조리하는 일이 중요했다. 소의 여러 부위 중에서도 가장 맛있는 부위로 여기는 갈비는 양념한 후 찜으로 조리하는 것이 보통이었다.

궁중 음식에서 오색의 활용

『정해 진찬의궤』(1887)에 기록된 진어소선, 진어대선을 재현한 상차림. 궁중 연회에서는 고임상을 차리는 것과는 별도로 연회의 주인공과 손님들이 먹을 음식은 현대의 서양 음식처럼 일정한 순서대로 상에 올랐다.

궁중 음식에서는 음식의 모양과 색을 좋게 하기 위해 장식으로 얹는 고명을 통하여 오방색을 표현하였는데, 이때 식품이 지닌 자체의 색을 적극적으로 활용하였다. 흰색을 내기 위해서는 달걀흰자로 부친 지단 · 껍질을 벗겨서 볶은 흰깨 · 파의 하얀 부분 등이 쓰였으며, 노란색으로

는 달걀 노른자로 부친 지단, 푸른색으로는 미나리·실파·호박·오이 등의 채소를, 빨간색으로는 실고추나 홍고추·대추 등을, 검은색으로는 석이버섯·표고버섯·목이버섯 등을 사용하였다.

음향오행으로 음식 차리기

오방정색론은 중국에서 정리된 음양오행 사상에 입각하여 방위, 사물, 계절 등을 청, 적, 황, 백, 흑이라는 다섯 가지의 색과 연결한 것이다. 음양오행은 중국을 중심으로 한 동양문화권에서 우주 인식과 사상 체계의 중심이 된 원리로서 음과 양 두 개의 기가 화(火), 수(水), 목(木), 금(金), 토(土)의 다섯 가지 원소를 생산한다고 보았으며 이 오행에 상응하는 것이 오색이다. 일반적으로 음양오행 사상과 오방정색론은 삼국 시대를 거쳐 통일신라 시대에 이르기까지 한자와 함께 전래, 확산되었으며 이후 오방색은 한국인의 색채 관념의 근간에 자리 잡게 된다. 한국 음식에서는 신맛, 쓴맛, 단맛, 매운맛, 짠맛의 오미(五味) 역시 오행의 원리와 연결시켜

오색고명으로 사용하는 재료.

생각하였으며 오색과 오미를 갖춘 음식을 이상적으로 여겼다. 당대의 의학을 집대성한 의학백과사전인 허준의 『동의보감(東醫寶鑑)』(1613)에도 이러한 관념이 고스란히 반영되어 "사람은 하늘의 오기(五氣)를 먹고, 땅의 오미(五味)를 먹는다."고 하였다. 뿐만 아니라 오미는 인간의 오장육부에 다양한 생리적, 병리적 영향을 미치므로 오미가 불균형하면 오장을 손상시켜 음양의 부조화를 일으키며 질병을 야기할 뿐만 아니라 생명에도 영향을 주게 되므로 오미의 조절은 건강 장수의 기본이었다.

오색 오미와 건강

오행	목(木)	화(火)	토(土)	금(金)	수(水)
오색	푸른색	붉은색	노란색	흰색	검은색
오미	신맛	쓴맛	단맛	매운맛	짠맛
오시	봄	여름	늦여름	가을	겨울
신체 기능	간, 담, 눈, 근육	심장, 소장, 혈액, 혀	비장, 위장, 입	폐, 대장, 코	신장, 방광, 귀, 뼈
	간의 기능을 도와주며 해독 작용이 강하고 피로를 풀어 준다.	피를 맑게 하고 심장을 건강하게 한다.	소화력 증진에 도움이 된다.	폐와 기관지를 건강하게 한다.	성장, 발육, 생식을 관장하는 신장의 기능을 활성화시킨다.

달콤한
한입 거리 음식 # 다식과 약과

 〈대장금〉에 연이어 등장하는 화려한 상차림에는 식사를 위한 음식뿐만 아니라
달콤하게 입안을 달래는 궁중의 과자가 다양하게 선보인다. 궁중 연회의 고임
떡에 올릴 인삼정과를 살펴보는 최고상궁은 바람이 불어 향이 옅어질 우려가
있으니 후에 따로 담을 것을 명하고, 금영은 사모하는 이를 위해 박오가리에
붉은 물을 들이고 연근에 조청을 넣어 정과를 만든다. 또한 장금은 요리 경합
의 후식을 위해 엄마가 돌아가시기 전에 드셨던 산딸기정과를 만들어서 나라
와 임금을 향한 충정을 표현한다.

차와 어울리는 간식 | 다식과 약과

약과는 유밀과의 한 종류로 한국의 잔치나 각종 의례에 빠지지 않고 등장한다. 밀가루를 꿀과 참기름으로 반
죽해 잎새나 꽃 모양의 틀로 찍어 식물성 기름에 지져 만든다. 꿀이 들어가는 음식에는 흔히 이름에 약(藥)이
라는 글자를 썼기에 약과라고 한다.

다식은 쌀, 밤, 콩 등의 곡물을 곱게 가루 낸 것에 색 있는 가루나 즙을 섞어 색을 내고 꿀이나 조청으로 반죽
한 다음 글자나 문양이 새겨진 다식판에 찍어 낸다.

사색다식 푸른콩·진말·송화·녹말다식

재료 및 분량

녹말다식 녹말 1컵(130g), 오미자액 1큰술.
슈거파우더 4큰술(35g), 꿀 2큰술(40g)
식용유 1큰술
진말다식 밀가루(볶은 것) 1컵(110g), 꿀 5큰술(100g)
푸른콩다식 푸른콩가루 1컵(70g), 꿀 4큰술(80g)
송화다식 송홧가루 1컵(35g), 소금 ¼작은술.
꿀 5큰술(100g)

준비하기

1 녹말은 진한 오미자액을 섞어 비빈 후 고운체에 내려
 슈거파우더를 섞고, 분량의 꿀을 넣어 반죽한다.

2 푸른콩가루와 볶은 밀가루에 분량의 꿀을 섞어
 젓가락으로 저은 후 한 덩어리가 되도록 반죽한다.

3 송홧가루에 분량의 소금과 꿀을 섞어 젓가락으로 먼저
 휘저어 작은 알맹이가 만들어지면 손으로 비벼
 반죽한다.

만들기

4 다식판에 식용유를 엷게 바르고, 다식 반죽을 떼어
 꼭꼭 눌러서 찍어 낸다.

- **푸른콩가루 만들기** 푸른콩 1컵(160g)을 씻어 김 오른
  찜통에 10분간 찐 후 타지 않게 볶아, 김이 나가면 비벼
  껍질을 벗긴 후 소금 ½작은술을 섞고 분쇄기에 갈아
  고운체에 내린다.
- **볶은 밀가루 만들기** 밀가루를 마른 팬에 주걱으로
  저으면서 약한 불에 15분 동안 볶은 후 노릇해지면
  고운체에 쳐서 식힌다.
- **오미자액 만들기** 오미자 4큰술(30g)과 물 4큰술을 넣어
  2시간 동안 우려낸 후 면보에 거른다.
- **슈거파우더 만들기** 설탕 ½컵(85g)에 녹말
  2큰술(20g)을 넣고 분쇄기에 갈아 고운체에 내린다.
- **송화** 소나무의 꽃가루이며 떡, 한과, 음료에 은은한
  노란색을 내는 데 사용한다. 봄철 소나무에 핀 노란
  송화는 넓은 그릇에 물을 담은 후 털어 놓으면 물 위에
  뜬다. 이것을 건져 한지에 놓아 말린 다음 다식이나
  음료에 쓴다. 손이 많이 가는 재료인 만큼 귀하게
  여기며, 송화에는 단백질과 당질 및 무기질이 풍부하고
  비타민 C가 비교적 많다.

재료   1   1   2   4

약과

재료 및 분량

밀가루(중력분) 200g, 소금 ½작은술,
후춧가루 ⅓작은술, 참기름 3 ½큰술,
식용유(튀김용) 6컵(1200mL)

반죽 시럽 꿀 3큰술, 소주 3⅓큰술

집청 시럽 조청물엿 580g, 물 ⅔컵, 생강 20g

고명 잣가루

준비하기

1 밀가루에 소금과 후춧가루, 참기름을 넣고 고루 비벼
체에 내린다.
2 분량의 꿀과 소주를 섞어 반죽 시럽을 만든다.
3 냄비에 조청물엿과 물, 얇게 썬 생강을 담고 중간
불에 5분 동안 끓여서 집청 시럽을 만들어 식힌다.

만들기

4 참기름을 먹인 밀가루에 반죽 시럽을 넣고 마른
가루가 보이지 않을 정도만 섞어 뭉쳐지게 반죽을
한다. 이때 오래 반죽하면 끈기가 나 과자가 딱딱하다.
5 한 덩이 반죽을 눌러 2cm 두께로 펴고 반으로 자른 후
겹쳐 눌러 펴고, 다시 잘라 겹치기를 2~3차례
반복한다.
6 반죽을 0.8cm 두께로 밀어 사방 3.5~4cm 크기로
자른 후 속까지 잘 익도록 가운데에 칼집을 넣거나
대꼬치로 찌른다.
7 90~100℃ 정도의 기름에 준비한 약과 반죽을 넣어
위로 떠오를 때까지 튀긴다. 하얗게 부풀며 떠올라
켜가 일어나면 140~160℃로 온도를 올려 뒤집어가며
옅은 갈색이 나도록 튀겨서 망에 담아 기름을 뺀다.
8 튀겨 낸 약과를 집청 시럽에 20분 동안 담갔다 건져
잣가루를 고명으로 뿌린다.

유밀과부터 강정까지 형형색색 궁중 과자

고임상에는 각색다식, 삼색연사과, 각색정과를 원통형으로 높이 쌓는데, 이때 측면에서 보면 갖가지 문양이 보이도록 쌓아 올린다. 이처럼 고임은 정교한 솜씨를 요하는 기술이었다

다채로운 과자 고배상

궁중의 연회상에는 많은 가짓수의 음식을 높이 쌓아올린 고배상(高排床)을 차려 화려함을 더하였다. 고배상에 올라가는 고임 음식은 평평한 접시에 떡이나 과자, 과일 및 기타 찬품을 원통형으로 높이 담아 올리며 높을수록 정성이 있다고 여겼다. 궁중 연회의 고임은 정교한 솜씨가 필요한 기술이었으므로 이를 전문으로 하는 숙수가 따로 있었다. 쌓아 올릴 때는 측면에 축(祝), 복(福), 수(壽) 등의 글자가 보이게 하거나 색의 배합도 좌우대칭이나 나선형이 되게 하는 등 조형적인 측면에 많은 신경을 썼다. 궁중 잔치의 고임 음식은 허물지 않고 그대로 문무백관의 집에 하사함으로써 궁중의 음식이 궁 밖으로 전파되는 계기가 되기도 했다.

궁중에서는 정월, 단오, 추석, 동지 등의 명절과 왕실과 종친의 생일과 관례, 가례 등을 축하하기 위해 크고 작은 규모의 잔치가 베풀어졌는데, 궁중의 연회에 과자류는 빠져서는 안 될 주요 찬품이었다.

고종 25년(1887)에 신정왕후(神貞王后) 조 대비(趙大妃)의 팔순(八旬)을 경하하는 뜻에서 거행되었던 만경전(萬慶殿) 진찬(進饌)의 의궤에는 궁중 연회상에 올라가는 과정류의 구체적인 종류가 상세하게 열거되어 있다. 이때 사용된 과자류는 대약과, 다식과, 만두과, 각색다식, 조란, 율란, 강란, 전약, 백자병, 숙실과, 각색정, 각색당, 삼색매화강정, 삼색세건반강정, 오색강정, 사색빙사과, 삼색연사과, 양색세건반연사과, 사색감사과, 삼색한과, 양색세건반요화 등으로 무려 50여 가지에 이르며 16개의 접시에 나누어 높이 고여 차려졌다.

차에 곁들이는 과자로 발달

한국 음식에서 과자류는 불교를 숭상하던 신라 시대와 고려 시대에 불교 의식의 제물로, 또 차

드라마 〈대장금〉 속에 등장한 고배상에 오른 한과들.

마시는 풍습이 성행하면서 차에 곁들이는 다과로 발달하기 시작했다. 특히 유밀과는 통일신라 시대와 고려 시대에 살생을 금하는 불교의 계율에 따라 생선이나 고기류가 올라갈 수 없던 연등회·팔관회 등의 불교 행사에서 육류를 대신하는 중요한 제향 음식으로서 높이 고여 차려졌다. 조선 시대에 이르러서도 유밀과, 유과, 다식, 강정 등의 과자류는 궁중의 연향뿐 아니라 혼례, 회갑례, 회혼례, 제례 등 주요 의례 상차림의 필수품으로, 그리고 평상시의 기호식품으로 광범위하게 사용되었다. 또한 앵두편·살구편 등과 같이 봄여름철 과일에 녹말을 넣어 묵처럼 만든 과편이나, 가을에 햇곡식으로 만든 송편, 햇과일로 만든 숙실과처럼 시절식으로서의 과자도 많이 만들어 먹었다.

다양한 한과

유밀과 밀가루를 주재료로 해서 꿀과 기름으로 반죽해 모양을 만들어 기름에 튀긴 다음 조청이나 꿀에 담갔다 건진다. 유밀과 중 대표적인 것은 약과로, 밀가루에 참기름을 치고 반죽하는

것이 특징이다. 비교적 낮은 온도에서 튀겨 기름이 속까지 깊숙이 스며들게 하므로 열량은 높은 편이나 여러 커로 포개진 단면에 기름과 조청이 속까지 배어 맛이 풍부하다.

유과 찹쌀가루에 술, 설탕, 콩물을 넣고 반죽하여 찐 다음 많이 치대어 썰어 말렸다가 기름에 튀겨 만든 과자이다. 모양에 따라 산자, 연사과, 강정 등으로 나뉜다.

다식 가루 낸 곡물을 꿀 또는 조청에 반죽하여 다식판에 찍어 만드는 다식은 사용하는 재료에 따라 콩다식, 송화다식, 밤다식, 검은깨다식 등으로 나뉜다. 다식을 만들 때 쓰는 다식판은 보통 안쪽에 문자나 卍자 문양·꽃문양 등이 음각으로 새겨져 있다.

정과 식물의 열매나 뿌리·줄기의 모양새를 살려 꿀이나 엿을 넣고 달착지근하게 조린 것으로, 연근·수삼·도라지·생강·죽순·동아 등으로 만든 정과가 대표적이다.

과편 새콤달콤한 과일즙에 녹말을 넣고 묵처럼 만들어 과일이 가진 색 그대로를 살려 젤리처럼 만드는 과자로 예전에는 앵두, 살구 등이 나오는 초여름에 자주 만들어 먹었다.

숙실과 과일을 익힌 후 으깨거나 다져서 꿀을 넣고 빚어 만든 과자로 율란은 밤으로, 조란은 대추로 만든 단과자이다.

엿강정 견과류나 곡식을 조청 또는 엿물에 버무려 서로 엉기게 한 다음 약간 굳었을 때 썬 과자이다. 주로 흑임자, 들깨, 참깨, 콩, 땅콩, 호두 등의 씨앗이 재료로 영양이 풍부하여 추운 겨울에 자주 만들어 먹었다.

유자화채와 호박편

목마른 이를
위하여

" 천방지축이던 어린 장금을 처소에 들인 한 상궁은 물 심부름을 계속 시킨다. 찬물을 떠 와도 더운물을 떠 와도 수면에 버들잎을 띄워도 틀렸다 하는 한 상궁이 알려 주고 싶었던 지혜는 물 한 잔을 뜨더라도 마시는 이의 몸 상태를 살펴야 한다는 것이었다. 세월이 지나고 최고상궁이 되기 위한 경합을 벌이는 자리에서 금영은 후식으로 유자화채를, 장금은 배수정과를 올린다. 음식의 종류와 맛을 고려하여 마실 거리까지 심사숙고하여 고르는 마음가짐이 돋보인다. "

계절후식 | 유자화채와 호박편

설탕을 넣은 유자즙에 유자 껍질과 배를 채 썰어 넣고 석류알과 잣으로 장식한 유자화채는 상큼한 맛이 일품으로 오늘날에도 여전히 후식으로 사랑받는 전통 음료이다. 화채는 과일즙에 꿀이나 설탕을 탄 후 과일이나 꽃잎을 띄워 마시는 음료로 차게 마시는 것이 보통이다. 봄에는 진달래꽃을 오미잣국에 띄운 진달래화채나 앵두즙에 앵두를 띄운 앵두화채, 여름에는 장미화채·복숭아화채나 햇보리를 반죽해 만든 떡을 넣은 보리수단, 가을에는 산사자 열매나 유자를 넣은 화채, 겨울에는 색색의 경단을 넣어 먹는 원소병 등 시절마다 재료를 달리해 만드는 화채는 계절감이 한껏 살아있는 멋스러운 음식이라고 할 수 있다.

유자화채

재료 및 분량

유자 1개, 배 ½개(300g), 석류알 2큰술, 잣 1큰술,
설탕 4큰술

화채 국물 물 5컵(1L), 설탕 1컵(170g)

준비하기

1 유자는 4등분 하여 과육과 껍질을 분리한다.

2 유자 과육은 한 조각씩 떼어 씨를 빼고 2~3등분 한
후 화채 그릇에 담아 설탕에 재운다.

3 유자 껍질은 안쪽의 흰 부분과 노란 부분을 분리하여
0.1cm 두께로 얇게 저며 가늘게 채 썬다.

4 배는 껍질을 벗겨 곱게 채 썰고, 석류는 쪼개서
알맹이만 뗀다.

5 찬물 5컵에 설탕 1컵을 넣고 설탕이 녹을 때까지 저어
화채 국물을 만든다.

만들기

6 설탕에 재운 유자 과육 위에 유자채와 배채를 셋으로
나누어 돌려 담고 가운데에 석류알을 올린다.

7 화채 국물을 붓고 뚜껑을 덮은 뒤 차게 1시간 동안
두어 유자 향이 우러나도록 한 후 잣을 띄워 먹는다.

유자

석류

배

2

3

4

6

배숙

재료 및 분량

생강 50g, 물 10컵(2L), 배 1개(320g), 통후추 2작은술,
설탕 ⅔컵(120g), 잣 1큰술

준비하기

1 생강은 껍질을 벗기고 깨끗이 씻어 얇게 썬 후, 끓는
  물에 넣고 30분 정도 끓인다.
2 배는 껍질을 벗기고 큰 꽃 모양 틀로 찍어서 배꽃
  모양을 낸 후 가운데에 통후추를 한 알씩 박는다.

만들기

3 걸러낸 생강물에 설탕과 준비한 배를 넣고 배가
  투명하게 될 때까지 약한 불에 20분 동안 끓인다.
4 차게 식혀서 그릇에 담고 잣을 띄운다.
  따뜻하게 먹을 수도 있다.

─────────

- 꽃 모양 틀이 없을 때에는 배의 크기에 따라 6~8등분
  하여 씨를 빼고 껍질을 벗겨 가장자리를 도려낸 후 후추
  를 세 개씩 깊이 박는다.

오미자화채

재료 및 분량

오미자 ½컵(45g), 물 6컵(1200mL), 설탕 1컵(170g),
소금 ¼작은술, 배 ¼개(80g), 잣 1작은술

준비하기

1 오미자는 씻어서 물 4컵(800mL)을 붓고 하루를 두어
  우려낸 후 면보에 걸러 오미자 원액을 만든다.

만들기

2 오미자 원액에 물 2컵(400mL)을 타서 희석하고
  설탕을 넣어 휘젓는다.
3 배는 얇게 저미며 꽃 모양으로 찍거나 2~3cm 길이로
  가늘게 채 썬다.
4 화채 그릇에 배를 담고 오미잣국을 붓고 잣을 띄운다.

─────────

- 배가 없을 때에는 참외 등 과육이 하얀 과일을 사용해도
  좋다.
- 오미자는 이름 그대로 단맛, 신맛, 쓴맛, 짠맛, 매운맛의
  다섯 가지 맛을 내는 열매로 알려져 있다. 물에 담가
  두면 붉은색을 내는데, 찬물에 담가 우린 다음 면보에
  걸러 그 물을 쓴다. 끓이거나 더운물에 우리면 쓴맛과
  떫은맛이 많이 나므로 찬물에 우린다. 화채의 기본
  음료를 만들 때 사용하며, 떡에서는 각종 편에 색을 낼
  때, 한과에서는 오미자편이나 오미자다식의 주재료가
  된다.

배숙

오미자 화채

궁중의 음청류

과일을 이용한 화채와 수정과는 연회의 중요한 찬품이었다.

궁중 잔치에서 가장 많이 사용된 음청류는 배, 석류, 유자, 두충 등의 과
실을 주재료로 한 화채와 오미자 국물에 녹말 국수를 띄운 수면(水麵),
청면(淸麵) 그리고 떡이나 보리쌀을 건지로 넣은 수단 등이 있다. 화채
국물로는 주재료로 쓰인 과일의 즙도 사용되었지만 꿀물이나 새콤달콤
한 맛이 나는 오미자를 찬물에 우려 걸러낸 물이 가장 많이 사용되었다.
화채 못지않게 자주 사용된 수정과는 보통 생강과 계피를 달인 물에 설
탕이나 꿀을 타고 곶감을 넣어 만드는 음료로 알고 있지만, 궁중에서는
배숙·유자화채·오미자화채 등도 수정과라고 불렀다.

호박편

재료 및 분량

멥쌀 5컵(800g), 소금 1큰술, 물 ½컵, 물 5큰술,
설탕 10큰술, 늙은 호박 1kg, 설탕 ½컵(85g)

고물 거피팥 고물 6컵(600g) (거피팥 1½컵(240g),
소금 1작은술)

준비하기

1 멥쌀은 씻어서 5시간 이상 불려 체에 밭쳐 30분 동안
   물기를 뺀 후 소금을 넣고 곱게 빻아 체에 내린다
   (멥쌀 5컵은 10컵의 쌀가루가 된다).

2 거피팥은 깨끗이 씻어서 찬물에 1시간 동안 불려
   손바닥으로 비벼서 껍질을 벗긴 후 물을 붓고 씻어
   위에 뜨는 껍질은 없애고 하얗게 된 팥알만 찜통에
   면보를 깔고 김 오른 찜통에 40분 동안 찐다. 소금
   1작은술을 넣고 으깨서 체에 주걱으로 눌러 내려
   보슬보슬한 고물을 만든다(거피팥 1½컵(240g)은
   6컵의 고물이 된다).

3 늙은 호박은 껍질과 씨를 제거하고 폭 5~6cm, 두께
   0.5cm 크기로 납작하게 썰어 설탕을 뿌려 둔다.

만들기

4 쌀가루에 물 5큰술을 넣고 비벼 체에 내린 뒤 설탕을
   섞는다.

5 쌀가루 6컵을 호박에 버무려 놓고 나머지(4컵)는
   그대로 둔다.

6 찜통에 시루밑을 깔고 거피팥 고물(3컵)을 고르게
   편 다음 남은 쌀가루 반 분량(2컵)을 판판히 놓고,
   호박 섞은 쌀가루(쌀가루 6컵+호박)를 안치고 다시
   쌀가루(2컵)를 위에 놓고 팥고물(3컵)을 뿌린다.

7 김이 오른 솥에 찜통을 얹고 뚜껑을 덮어 중간 불에
   25분 동안 찐 후 약한 불로 줄여 5분간 뜸을 들인다.

● 늙은 호박 대신 단호박을 사용해도 좋다.

늙은호박

2

3

4

5

6

공경과 내림음식

'낙담헌양로연도'(1795) 정조가 많은 노인들을 초청하여 음식을 베푼 양로연이 그려 있다.

기로소

유교를 근본으로 하는 조선 사회에서 효는 가장 중심적인 덕목이었으므로 노인을 공경하고 우대할 것을 강조하였다. 이를 위해 조선 왕조는 풍속을 교화하고 유교적 이념을 사회에 정착시키는 방편으로 다양한 기로 정책을 실시하였다. 기로(耆老)라는 단어는 노인을 가리키는데 여기서 기 (耆)라는 한자는 60세를 뜻한다. 기로는 우리나라에서는 조선 시대 이전부터 관직의 실무에서 물러난 노인들을 일컫는 말로 사용되었다. 조선 초기 기로회(耆老會)는 이미 실무에서 물러난 퇴직 관료들로 구성되었음에도 종친이나 현직 대소 신료들과 견줄 만한 정치적 위상을 지닌 일종의 정치적 원로 그룹으로 구성된

의결 기구로서의 성격도 있었다. 그러나 기로소 (耆老所)로 개편되면서 점차 국로들을 우대하기 위한 연회 중심으로 변모되어 갔다.

기로소의 핵심 역할은 매해 3월과 9월의 기로연을 주관하는 것으로 이는 왕이 베푸는 경로 행사라고 할 수 있다. 이때 연회의 좌석은 관직 순이 아니라 연령 순으로 하였으며 연회와 더불어 임금이 귀한 물품을 하사하는 것이 상례였다.

기로소에 입사(入社)하기 위해서는 2품 이상의 문관 출신이어야 하는 등 기로소 입사와 기로연 참가는 대단히 명예로운 일로 여겨졌으며, 왕도 나이가 들면 기로소에 입사하는 예도 있었다.

양로연

기로연이 퇴직한 관료만을 대상으로 한 것이었다면 세종 14년에 처음 실시된 양로연은 신분의 구별을 두지 않고 군신의 부모는 물론 일반 백성의 부모도 초대받을 수 있는 연회로 정례화, 제도화된 것이다.

양로연은 흉년이나 전쟁과 같이 불가피한 경우를 제외하고 정례적으로 열렸으며 남녀 노인을 구별하여 외연과 내연으로 나누어서 외연은 임금이, 내연은 중궁이, 지방에서 열리는 향중 양로연은 해당 고을 수령이 잔치를 주관하였다.

양로연은 세종 대에 처음 베풀었고 성종 대에 18회로 가장 많았으며 임진왜란과 병자호란 이후로는 횟수가 크게 줄어드는 양상을 보인다.

유교적 덕목을 중요시하던 조선 사회에서 양로연은 임금이 솔선수범하여 노인 공경을 실천하

『원행을묘정리의궤』(1795) 찬품(饌品) 부문에 기록된 양로연 상의 모습을 보면 참가한 노인들이나 임금이 받은 상이 모두 동일하게 네 가지 음식으로 구성된 것으로 보아 노인들에 대한 배려가 무엇보다 우선시되었음을 알 수 있다. 상에 올린 음식은 두부탕, 편육, 흑태찜, 실과로 모두 부드럽게 익혀 영양이 풍부하면서도 노인들이 먹기 편한 음식이었다.

는 중요한 행사였으므로 그 실행에 있어 노인들을 위한 각종 배려를 아끼지 않았다. 세종 14년 첫 양로연 후 이듬해 두 번째 양로연을 준비하는 과정에서 세종은 노인들로 하여금 절하지 않도록 명하여 거동이 불편한 노인들을 배려하였고, 세종 17년에는 양인과 천인을 막론하고 양로연 참석자가 몸을 부축해 주는 비자(婢子)를 데리고 오는 것을 허용하였다. 신분제가 엄격한 조선사회였음에도 나이 많은 노인에게는 녹봉이 없는 직책이지만 사회적 명예를 높여 주기 위한 목적으로 서인은 물론 천인에 이르기까지 관직을 제수하는 경우가 있었는데, 양로연이 거의 매년 정례적으로 이루어졌던 세조 대에 이르러서는 양로연에 참석한 노인을 대상으로 관직을 제수하기도 하였다. 연향이 끝나면 남은

음식을 푸른 보자기에 싸 갈 수 있도록 하였고 어육, 면포, 무명, 부채 등도 하사하였다. 또한 흉년 등의 재변이 있거나 당일 비가 내려 연회를 베풀지 못하는 해에는 노인들에게 술과 고기를 나누어 주었다.

궁중 음식과 과일

해당 시기에 생산되거나 새롭게 진상된 물품을 종묘에 바치는 것을 천신이라고 하는데, 특히 과일은 연중 매우 중요한 천신 품목으로 취급되었다. 2월에는 청귤, 5월에는 앵두와 살구, 6월에는 참외와 수박, 7월에는 오얏과 배 그리고 잣, 8월에는 개암·밤·은행·대추·홍시·능금, 9월에는 다래·산포도·비자, 10월에는 유자와 금귤, 12월에는 감귤·유감·동정귤·당유자·산귤·석류 등의 과일이 천신 품목으로 사용되곤 하였다.

궁중의 연회에는 생과일인 배·귤·유자·밤·석류 등과 마른 과일인 대추·황률·잣·호두·곶감 등이 주로 올랐는데, 때로는 예지나 용안과 같이 중국에서 온 과일이 상에 오를 때도 있었다.

당유자, 생률, 산귤, 곶감, 유자, 밀감 등의 과일은 궁중 잔치 후 신하들에게 내려 주는 주요 하사품으로 사용되기도 하였다. 특히 조선 시대 감귤류의 생산은 한반도 남부와 제주에서만 이루어진 까닭에 매우 귀한 과일로 여겼으므로 감귤은 뇌물 품목에 들어가기도 하였고, 성균관 유생들 사이에 하사받은 귤을 서로 차지하기 위해 소란이 일어나는 일도 있었다.

4 궁중 음식,
어떻게 전해졌을까?

조선 왕조의 마지막을 지킨 왕족 및

궁녀의 낙선재 생활과, 왕조 멸망

후 궁중 숙수들의 삶을 통하여 궁중

음식이 이어지는 이야기.

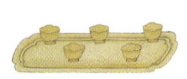

두부선, 오이선, 어선

장금을 키운
어머니 같은 사랑

> 한 상궁은 생선포로 만두소를 감싸 만든 어만두를 찜기에 넣고, 두부를 체에 내리고 닭고기를 다지며 두부선을 만든다. 곱게 치댄 두부반대기의 모양을 다듬고 석이채와 지단 고명을 뿌리는 한 상궁의 눈빛은 언제나처럼 차분하다. 천방지축이던 어린 장금을 때로는 엄하게, 때로는 자애롭게 감싸며 돌봐온 한 상궁은 어린 나이에 어머니를 잃고 궁으로 들어온 장금이를 기른 어머니와 같은 인물이다. 그녀의 캐릭터는 중요무형문화재 제38호 조선 왕조 궁중 음식 최초 기능보유자였던 한희순 상궁에게서 따온 것이다.

보기도 좋고 먹기도 좋은 전채요리 | 삼색선

삼색선은 두부·오이·생선 세 가지 주재료에 오색 고명을 장식하고 맵고 새콤한 맛을 조화시켜 만든 것으로, 한입 크기로 만들어 한 그릇에 담아 처음으로 내는 음식이다. 여러 가지 음식을 순차적으로 대접할 때 전채 음식으로 알맞으며, 식탁에서의 첫인상을 좌우한다.

두부선은 으깬 두부에 닭고기를 다져 넣고 양념하여 반죽해서 판판히 만든 후 오색의 고명을 뿌려 찐 음식으로 겨자장을 곁들여 먹는다. 오이선은 오이를 작게 토막 내어 사이에 오색 고명을 채워서 단촛물을 끼얹어 산뜻한 맛으로 먹는다. 어선은 흰살 생선을 넓게 포로 떠서 쇠고기와 버섯을 소로 넣고 말아 찐 뒤 초고추장을 찍어 먹는다.

두부선, 오이선, 어선(오른쪽 위부터 시계방향으로)

두부선

재료 및 분량

두부 1모(600g), 닭고기 100g, 표고버섯 1개(중, 5g)

고명 석이버섯 1장, 달걀 1개, 잣 1작은술, 홍고추 ½개,
소금 ½작은술

양념장 소금 1작은술, 간장 1작은술, 설탕 1작은술,
다진 파 2작은술, 다진 마늘 1작은술, 생강즙 ½작은술,
참기름 1작은술, 깨소금 1작은술, 후춧가루 약간

겨자장 겨자(겨잣가루 2큰술(10g), 물 1큰술),
식초 ½큰술, 설탕 ½큰술, 간장 ½작은술,
소금 ½작은술, 물 ½큰술

준비하기

1 두부를 도마에 놓고 한쪽 끝에서부터 칼을 뉘어 곱게
   으깬 후 젖은 면보에 싸서 물기를 뺀다.
2 닭고기 살은 곱게 다지고, 표고버섯은 찬물에 2시간
   동안 불려서 기둥을 떼고 물기를 제거한 후 곱게
   다진다.
3 석이버섯은 뜨거운 물에 5분 동안 불려서 비벼
   깨끗이 손질한 후 돌돌 말아 가는 채로 썬다.
4 달걀은 황백으로 나누어 소금을 ¼작은술씩 넣고 잘
   풀어 달군 팬에 식용유를 바르고 약한 불에 지단을
   부쳐서 2cm 길이로 곱게 채 썬다.
5 홍고추는 반으로 갈라 씨를 빼고 어슷하게 2cm
   길이로 곱게 채 썰고, 잣은 길이로 반을 가른다.
6 양념장을 분량대로 넣어 만든다.

만들기

7 으깬 두부에 닭고기·표고버섯을 넣고 양념장과 함께
   고루 섞은 후, 젖은 면보를 펴고 그 위에 양념한
   두부를 1cm 두께로 고르게 펴서 반대기를 만든다.
8 준비한 고명을 고루 뿌리고 젖은 면보를 덮어 살짝
   눌러 붙인다.
9 김이 오른 찜통에 10분 정도 쪄내어 한 김 식힌 후,
   한입 크기로 네모지게 썬다.

● 겨자장 만들기는 152쪽 참조.

재료

3, 4, 5

7

9

오이선

재료 및 분량

오이 2개(400g, 지름 2~3cm), 소금물(소금 1큰술,
물 ½컵), 쇠고기(우둔살) 50g, 표고버섯 1개(중, 5g),
달걀 1개, 홍고추 ½개, 식용유 ½작은술

고기 양념 간장 ½큰술, 설탕 1작은술, 다진 파 1작은술,
다진 마늘 ½작은술, 참기름 ½작은술,
깨소금 ½작은술, 후춧가루 약간

단촛물 식초 3큰술, 물 2큰술, 설탕 2큰술, 소금 1작은술

준비하기

1 오이는 소금으로 문질러 씻어 길이로 반을 가른 후
   껍질 쪽을 위로 놓고 1cm 간격으로 어슷하게 칼집을
   세 번 넣는다. 네 번째에서 끊어 4cm 길이의 토막을
   만들어 소금물에 20분 동안 절인다.

2 쇠고기는 3cm 길이로 곱게 채 썰고, 표고버섯은
   찬물에 2시간 동안 불려서 곱게 채 썰어 합하여 고기
   양념으로 무친다.

3 달걀은 황백으로 나누어 소금을 ¼작은술씩 넣고 잘
   풀어 달군 팬에 식용유를 얇게 바르고 약한 불에
   지단을 부친다.

만들기

4 오이가 절여지면 면보에 싸서 눌러 물기를 짠다. 팬을
   달구어 뜨거워지면 식용유 ½작은술을 두르고 센
   불에 절인 오이를 재빨리 볶아 차게 식힌다.

5 양념한 고기와 표고버섯을 중간 불에 고기가 익을
   때까지 볶는다.

6 황백 지단은 2cm 길이로 곱게 채 썬다. 홍고추도
   반으로 갈라 씨를 빼고 어슷하게 2cm 길이의 고운
   채로 썬다.

7 식힌 오이의 칼집 사이에 백색 지단, 황색 지단, 볶은
   쇠고기와 표고버섯을 조금씩 순서대로 채워 넣는다.
   홍고추는 흰 지단에 한 가닥씩 끼운다.

8 그릇에 가지런히 담고 단촛물을 만들어 차게
   두었다가 상에 내기 직전에 끼얹는다.

재료

어선

재료 및 분량

흰살 생선(대구살) 200g, 달걀 2개, 녹말 3큰술,
식용유·소금 적당량

생선 밑간 소금 1작은술, 청주 1작은술,
생강즙 ½작은술, 흰 후춧가루 약간

소 쇠고기(다진 것) 50g, 표고버섯 1개(중, 5g),
오이 2토막(4cm, 100g), 당근 1토막(4cm, 50g)

고기 양념 간장 ½큰술, 설탕 1작은술, 다진 파 1작은술,
다진 마늘 ½작은술, 참기름 ⅓작은술,
깨소금 ½작은술, 후춧가루 약간

초고추장 고추장 1큰술, 식초 1큰술, 설탕 ½큰술,
생강즙 ½작은술, 물 1큰술

준비하기

1 생선 살을 되도록 넓고 얇게 포를 떠서 칼을 뉘어
  두드려 두께를 고르게 한 후, 생선 밑간 재료를 섞어
  뿌려 둔다.

2 표고버섯은 1시간 정도 물에 불린 뒤 기둥을 떼어
  물기를 빼고 곱게 채 썰어 다진 쇠고기와 합한다.

3 오이는 4cm 길이로 토막을 내어 돌려 깎아서 0.2cm
  두께로 썬 후 소금을 뿌려 5분 동안 절인 다음 물기를
  뺀다. 당근도 같은 굵기로 채 썰어 끓는 물에 2분 동안
  데쳐서 물기를 뺀다.

4 달걀은 노른자 2개와 흰자 1개를 섞어 소금
  ⅓작은술을 넣고 잘 푼다. 네모난 팬을 달구어 기름을
  얇게 바른 후 약한 불에 0.2cm 두께의 넓은 지단을
  부친다.

만들기

5 쇠고기와 표고버섯을 고기 양념으로 무쳐 중간 불에
  고기가 다 익을 때까지 볶아서 식힌다.

6 당근과 오이는 팬에 식용유를 두르고
  센 불에 빠르게 볶아서 식힌다.

7 대발 위에 지단을 세로 길이로 놓고 녹말을 얇고
  고르게 뿌리고 그 위에 생선 살을 틈 없이 맞추어 놓되
  지단 끝에서 3cm 정도 여유를 둔다.

8 볶은 고기와 표고버섯, 당근, 오이를 가로로 길게
  놓고 꼭꼭 만다. 마무리는 물녹말을 묻혀 벌어지지
  않게 한다.

9 젖은 면보로 대발을 통째 싸서 김이 오른 찜통에 10분
  정도 쪄낸다.

10 생선을 꺼내어 식힌 후 1.5cm의 폭으로 썰어 담고
   초고추장을 곁들여 낸다.

재료

7

8

9

좋은 음식, 선(膳) 요리

1 드라마 〈대장금〉의 한 상궁이 수라간에서 두부선과 어선
을 만들고 있다.
2 『음식디미방』에 실린 음식 '동아선'(아래).

기록으로 보는 선(膳) 조리법

선(膳)이라는 말은 좋은 음식을 뜻하는 단어이
지만, 조리법으로서의 선은 일반적으로 호박·
오이·가지·배추 등의 식물성 재료에 다진 쇠
고기 등의 부재료를 소로 채우고 장국을 부어
끓이거나 찜통에 쪄서 만드는 방법을 일컫는다.
그러나 조선 시대의 고조리서에 따르면 소를
채우지도 않았고 수증기로 찌지 않았는데도

선이라 불리는 것들이 있다. 가장 오래된 한글
조리서인 『음식디미방』(1670)에서는 동아선을
만드는 방법에 대해 "늙은 동아를 도독하게 저
며서 살짝 데쳐 내어 물기 없게 건져, 기름을 넣
고 심심하게 끓인 간장에 담갔다가 따라 버리
고, 생강을 다져 넣고 달인 새 간장에 다시 담가
두었다가 쓸 때 초를 쳐서 쓴다."고 묘사되어 있
다. 동물성 재료는 전혀 사용하지 않았으며 오
늘날의 조리법과 달리 삶거나 쪄서 만들지도 않
았다. 19세기 말엽의 조리서인 『시의전서(是議
全書)』에 이르러서야 오늘날의 선과 비슷한 조
리법이 등장하는데, 남과선(호박선)의 조리법
에 대해 "애호박의 등 쪽을 도려 내고 갖은 양념
을 소로 넣어 푹 쪄낸 다음 그 위에 초장에 백청
을 타서 붓고 고추, 석이, 달걀을 채 쳐 얹고 잣
가루를 뿌려 쓴다."고 서술하고 있다. 1900년
대 들어 출간된 이용기의 『조선무쌍신식요리제
법(朝鮮無雙新式料理製法)』(1924), 조자호의
『조선요리법(朝鮮料理法)』(1943)에서는 달걀,
생선, 육류 등의 동물성 재료를 사용한 음식에
도 '어선', '태극선', '양선'과 같이 선이라는 명칭
이 사용된다.

궁중 음식 실제 전수자 한희순 상궁

어린 장금을 사랑으로 따뜻하게 감싸면서도 음
식에 있어서만큼은 누구보다 엄격한 스승이었
던 드라마 속의 한 상궁. 한 상궁의 모델은 중요
무형문화재 제38호 조선 왕조 궁중 음식 최초
기능보유자였던 한희순(韓熙順) 상궁이다.
한희순 상궁은 1889년 서울에서 태어나 13세에

덕수궁에 입궁하였다. 1907년부터 경복궁에서 수라상궁으로 일하였으며, 1919년 고종이 승하한 후에는 금곡릉에서 고종의 삼년상을 받들었다. 그 뒤 1921년부터 1928년까지는 순종을, 1931년부터 1965년까지는 윤비를 모시며, 조선 왕조의 마지막 주방상궁으로서 끝까지 왕실과 운명을 같이하는 삶을 살았다. 윤비가 돌아가신 후 1968년 사저로 돌아와 1972년 향년 82세로 생을 마감했다.

후일 한희순 상궁에 이어 궁중 음식 2대 기능 보유자가 된 황혜성(黃慧性, 1920~2006)은 1943년 23세의 나이로 숙명여전(현 숙명여자대학교)의 조교수로 조선 요리를 가르치게 되었는데, 이때 자신의 조선 요리에 대한 지식이 부족함을 깨닫고 당시 윤비를 모시고 있던 한희순 상궁이 머물던 창덕궁 낙선재를 찾아가 궁중 음식 배우기를 청하였다. 이를 계기로 한희순 상궁이 숙명여자대학교에서 궁중 음식을 강의하기도 하였다. 그 후 황혜성은 왕조의 몰락과 함께 사라져 갈 위기에 놓인 궁중 음식을 보존하기 위해 궁중 음식과 관련된 자료를 수집하고, 한희순 상궁과 함께 조리서인 『이조궁정요리통고(李朝宮廷料理通攷)』를 집필하였다. 이 책은 조선 왕조 몰락 이후 최초의 궁중 음식 전문서로 구한말 궁중 음식 전반의 만드는 법과 상차림, 기명(器皿), 용어들을 상세히 정리하였으며 일상 음식뿐 아니라 연회 음식의 조리법과 상차림도 다루고 있다.

황혜성은 조리를 전문 영역으로 인정하지 않던 당시의 인식에 맞서 조선 왕조 궁중 음식이 가치 있는 우리의 전통 문화라는 점을 증명하고자 애썼고, 그 결과 1971년 '조선 왕조 궁중 음식'이 중요무형문화재 제38호로 지정되고 당시 81세였던 한희순 상궁이 제1대 보유자로 지정되었다. 이듬해 한 상궁이 타계하자 황혜성이 제2대 기능보유자로 지정되었으며, 이와 동시에 1971년 궁중 음식 전수 교육 기관인 '궁중음식연구원'을 설립하여 지금까지 전수자를 양성하고 있다.

1 한희순 상궁이 신선로를 만드는 모습.
2 드라마 〈대장금〉 속 한 상궁의 모델인 한희순 상궁.
3 『이조궁정요리통고』의 표지.

장금이 처음 담당한 음식 **배동치미국수**

> 임금이 사냥을 떠난 사이, 수라를 준비하던 상궁 세 명이 따로 손질해 둔 독이 든 소라를 잘못 먹고 쓰러지는 사고가 발생한다. 어쩔 수 없이 이제 겨우 정식 나인이 된 장금과 금영이 사냥에서 곧 돌아올 임금의 수라를 직접 준비하는 중대한 임무를 떠맡게 된다. 밥 대신 시원한 냉면을 먹고 싶다는 임금의 전갈에 장금은 급히 산에 올라 시원하게 톡 쏘는 맛을 내는 소당리 매월당의 광천수를 떠 오고, 이를 동치미 국물과 섞고 배즙과 식초 등으로 간해 냉면을 완성한다. 다행히 임금은 군내가 나지 않는다며 흡족해하고, 장금은 큰 칭찬을 받는다.

임금의 밤참 | 동치미 국수

〈대장금〉에 배동치미국수로 등장한 음식은 지금의 냉면이다. 겨울 무로 담근 동치미 국물과 쇠고기 또는 닭고기 국물을 섞어 만든 국물에 메밀국수를 말고 각종 고명을 얹어 먹는 음식으로, 고종이 밤참으로 즐겼다고도 한다. 지금은 사시사철 언제든지 먹을 수 있는 음식이지만, 냉면은 본디 음력 11월 무렵 평안도와 황해도 북부 지역 사람들이 겨울이면 잘 익은 새콤하고 시원한 김칫국에 국수를 넣어 간식으로 먹은 것에서 시작되었다.

배동치미국수

배동치미

배동치미국수

재료 및 분량

쇠고기(양지머리) 300g, 물 15컵(3ℓ), 대파 50g,
마늘 5쪽, 통후추 1작은술, 겨자장 적당량,
메밀국수(냉면용) 300g, 배 ½개(300g),
오이 ½개(100g), 소금 ½작은술, 동치미 무김치 ½개,
고운 고춧가루 1작은술, 달걀 1개, 잣 2큰술
설탕물 물 1컵, 설탕 2큰술
냉면 육수 동치미 국물 5컵(1ℓ), 쇠고기 육수 5컵(1ℓ),
소금 1큰술, 식초 2큰술, 설탕 2큰술

준비하기

1 쇠고기는 찬물에 담가 1시간 동안 핏물을 뺀 뒤 파,
  마늘, 통후추를 넣고 끓는 물에 1시간 동안 삶는다.
  고기를 건져 젖은 면보에 싼 다음 무거운 것으로 눌러
  편육을 만든다. 육수는 기름을 걷고 차게 식힌다.
2 배는 껍질을 벗겨 얇게 썰고, 오이는 반으로 갈라
  어슷어슷 얇게 썰어 소금 ½작은술을 넣고 절인 다음
  물기를 짠다.
3 동치미 무김치는 얇게 썰어 고운 고춧가루에 무친다.
4 달걀은 찬물에서 삶아 끓어오르면 10분쯤 삶은 뒤
  찬물에 식혀 껍데기를 벗기고 반 가른다.

만들기

5 끓는 물에 국수를 삶다가 잘라 보아 심이 없으면
  건져 찬물에 여러 번 헹군 후 1인분씩 동글게
  사리를 만들어 체에 담는다.
6 쇠고기 편육은 0.3cm 두께로 얇게 썬다.
7 동치미 국물과 쇠고기 육수를 합하고 소금, 식초,
  설탕으로 간을 맞추어 냉면 육수를 만든 후
  냉장고에 두어 차게 한다.
8 그릇에 국수를 담고 배, 동치미 무, 오이, 편육을
  가지런히 올리고 삶은 달걀과 잣을 올린다.
9 냉면 육수를 면이 잠기도록 붓는다.

● 겨자장 만들기는 152쪽 참조.

7

8

동치미

배동치미

동치미 무 10개, 굵은소금 1 ½컵(240g),
배 3개, 석류 ½개, 유자 2개, 쪽파 60g, 갓 80g,
굵은소금 2큰술, 청각(마른 것) 10g, 대파 1대(100g)
삭힌 고추 5개, 마늘 50g, 생강 50g
동치미 국물 굵은소금 1컵(160g), 물 5L(염도 3%)

준비하기

1 동치미용 무를 골라 잔뿌리를 떼고 솔로 말끔히
  씻는다. 껍질은 벗기지 않는다.
2 무를 소금 1 ½컵에 굴려서 항아리에 차곡차곡 담고
  하룻밤 두어 절인다.
3 대파는 뿌리를 잘라 내고 깨끗이 씻는다. 마늘,
  생강은 얇게 저민다.
4 쪽파와 갓은 다듬어 소금 2큰술에 20분 동안
  절였다가 2~3개씩 모아 돌돌 말아 묶는다. 삭힌
  고추는 씻어 물기를 뺀다.
5 청각은 물에 불린 후 흐르는 물에 씻어 물기를
  제거하고 짧게 자른다.

6 배와 유자는 씻어 물기를 없앤 후, 김치 국물에 향이
  우러나도록 나무 꼬치로 껍질을 고루 찔러 준다.
7 김치 국물로 쓸 소금물은 하루 전에 준비한다.
  고운체에 굵은소금(160g)을 담아 물(5L)이 담긴 그릇
  안에 넣고 휘저어 소금을 녹인다.

만들기

8 저민 마늘과 생강. 대파는 주머니에 넣어
  항아리(깊이가 있는 플라스틱 통도 가능) 바닥에 놓고
  무와 부재료를 번갈아 가며 켜켜이 담는다.
9 중간 중간에 배와 유자를 함께 넣고 석류는 반으로
  쪼개어 한옆으로 놓고 맨 위에 갓을 덮은 후 무거운
  것으로 누르고 소금물을 가득 붓는다.
  실온에 2주 정도 두어 익은 냄새가 나면 냉장고에
  보관한다. 먹을 때 무를 꺼내어 반달 모양으로 썰고
  갓, 파, 고추를 작게 썰어 담고 김치 국물을 부어 낸다.

● 동치미 무는 작고 단단하며 매끄럽고 무청이 싱싱하게
  달린 것으로 고른다.

백김치

보김치

섞박지

심심하고 담백한 궁중 김치

조선 시대 궁중에서 임금이 즐겼던 김치는 지금과 많이 달랐다. 지금처럼 포기가 꽉 찬 결구배추로 만든 김치가 아니라 배추와 무의 중간 부분을 반듯하고 모지게 썰고, 조기젓과 해물을 많이 넣고 시원하고 심심하게 담근 섞박지였다. 이 외에도 새우젓과 조기젓을 많이 넣어 담그는 배추김치인 젓국지, 무와 배추속대를 넣고 굴을 많이 넣어 담근 송송이(깍두기), 무와 배·유자를 넣어 시원한 국물 맛을 낸 동치미, 섞박지와 비슷하지만 배추잎으로 감싸서 만든 보김치 그리고 10년 이상 된 진간장으로 담근 국물김치인 장김치 등이 궁중에서 즐겨 먹던 김치들이다.

궁중의 김장 풍속

구한말 궁중의 김장은 주방상궁들만으로는 부족하여 침방상궁이나 수방상궁들까지 동원되어 여러 날에 걸쳐 담갔다고 전해진다. 마장동, 왕십리, 연건동에 궁중용 채마전을 지정해 놓고 좋은 배추만 골라 진상토록 했는데, 워낙 양이 많아 다듬는 데만 꼬박 하루가 걸렸으며, 절이고 씻고 소 준비하는 데도 여러 날이 필요했으므로 완전히 끝내기까지 열흘은 족히 소요되었다고 한다.

송송이

장김치

젓국지

궁중 잔칫상에도 오른 냉면

1 드라마 〈대장금〉에서 사냥을 마치고 돌아온 중종과 신하들에게 냉면상을 올렸다.
2 '대사례도(大射禮圖)'(1734). 임금과 신하가 한자리에 모여 활 쏘는 의식을 치르는 장면이다.

군사 훈련을 겸한 궁중의 사냥

강무는 다섯 가지 핵심적인 국가 의례인 오례(五禮), 즉 길례(吉禮)·가례(嘉禮)·빈례(賓禮)·군례(軍禮)·흉례(凶禮) 중 군례에 속하는 의례이다. 군례를 제외한 나머지 네 가지 의례는 민간 의례의 관혼상제에 해당하는 것이라고 할 수 있다. 군례는 임금이 활쏘기나 무예행사, 군대 사열에 참여하는 등의 군과 관련된 의식을 말한다. 강무는 임금이 대군 이하 여러 관원과 장수, 병사를 거느리고 사냥을 하며 무예를 단련하는 의식이다. 강무 때에는 짐승을 사냥하기는 하지만 어디까지나 무예를 단련하기 위한 것이므로 무리지어 쫓기는 짐승들을 다 잡지는 않고, 이미 화살에 맞은 짐승은 쏘지 않으며, 짐승의 면상을 쏘지 않고, 그 털을 자르지 않으며, 사냥터 밖으로 나간 것은 쫓지 않는 등 잔혹하게 사냥하는 것은 금하도록 하였다.

강무 때 포획한 짐승 중 크고 좋은 것은 종묘에 보내 제사에 올리도록 하였고 나머지는 그 자리에서 조리하여 관원들에게 잔치를 베풀었으며, 작은 짐승은 개인이 가지고 가도록 하였다. 또한 강무 때에는 궁중의 악사와 악공을 데리고 가서 행사의 흥을 돋우는 것이 보통이었다. 강무가 자주 시행되던 사냥터로는 경기도의 광주·양주·이천과 강원도의 철원·평강·횡성 등이 있다.

조선의 왕 중 사냥을 가장 즐겼던 왕으로는 성종과 연산군이 있다. 두 왕은 사냥을 갈 때마다 주연을 베풀고 시와 음악, 기생들의 연희를 함께 즐겼는데 신하들은 이것이 지나친 유흥이 되지는 않을까 늘 염려하였다고 한다.

조선 시대에도 사랑받던 냉면

현재 우리가 먹는 냉면과 유사한 형태의 음식에 대한 묘사는 1849년 정조 대의 학자 홍석모가 쓴 『동국세시기(東國歲時記)』에 등장하는데, 여기에서는 '메밀국수를 무김치와 배추김치에 말고 돼지고기를 썰어 넣은 것'을 냉면이라고 하면서, 음력 11월의 시절 음식으로 소개하고 있다. 또한 1896년 작성된 저자 미상의 조리서인 『규곤요람』(연세대본)에는 냉면에 대해 '싱거운 무김칫국에 화청(和淸)해서 국수를 말고 돼지고기를 잘 삶아 넣고 배, 밤과 복숭아를 얇게 저며 넣고 잣을 넣어 먹는 음식'으로 묘사하고 있다.

냉면은 궁중 잔칫상에도 올랐다. 궁중 잔치에는 주로 따뜻한 온면을 차리지만 딱 두 차례 냉면을 차렸다는 기록이 보인다.

헌종 15년(1848), 헌종의 할머니이자 순조의 왕비인 대왕대비 순원왕후의 60세 생일과 어머니인 왕대비 신정왕후의 40세 생일을 축하하기 위해 창경궁 통명전에서 잔치가 열렸는데 그 과정을 기록한 『진찬의궤(進饌儀軌)』에 따르면 메밀국수 다섯 사리와 돼지 다리, 양지머리, 배추김치 그리고 배와 잣 등의 재료로 냉면을 만들었다고 한다.

또 고종 11년인 1873년, 고종에게 존호를 올리기 위해 잔치를 열었는데 그 『진작의궤(進爵儀軌)』에도 냉면이 보인다. 신하들의 교자상에 차릴 냉면을 준비했는데 메밀국수 30사리와 돼지다리, 배, 잣 그리고 고춧가루를 고명으로 얹었다고 나와 있다.

달콤한 배 맛이 일품인 고종의 동치미국수

면을 특히 좋아했던 고종은 배를 많이 넣어 담근 동치미국수를 밤참으로 자주 들었다. 맵거나 짠 것을 못 먹었던 까닭에 고종이 즐긴 냉면은 그릇에 면을 담은 후 배를 한 켜 깔고 열십자로 편육을 얹은 것이었다. 배와 잣, 편육, 달걀지단, 오이 외에 다른 고명은 얹지 않았다. 고명으로 얹은 배는 칼로 썰지 않고 수저로 얇게 저몄으며, 배를 많이 넣어 담근 동치미 국물은 매우 달고 시원했을 뿐만 아니라 생유자를 넣어 향이 좋았고, 석류를 넣어 색이 고왔다고 한다. 고종의 후궁인 삼축당(三祝堂) 김씨가 전한 바에 따르면 그릇에 담았을 때의 모양은 아래 사진과 같았다.

고종의 동치미국수 고명 올리는 법. 초승달 모양으로 수저로 떠낸 배를 한 켜 얹은 후 열십자 모양으로 편육을 얹는다. 잣과 달걀 황백 지단 썬 것, 오이를 올려 마무리한다.

구절판

음식을 다루는 남자인 숙수

> 어미를 잃고 갖은 고생을 하던 거지꼴의 어린 장금에게 음식을 건네준 덕구는
> 술 제조의 대가이자 궁중에 큰 연회가 있을 때마다 불려오는 숙수이다. 덕구를
> 비롯한 숙수들은 연회 음식을 장만하는 첫 장면에서부터 나타나며, 이들은
> 떡을 높이 고이거나 사탕·다식을 쌓고, 건어물로 새나 꽃을 오리기도 한다.
> 숙수는 조선 왕조의 멸망으로 궁에서 일을 할 수 없게 되었고, 점차 당시 유행
> 하던 요릿집으로 나가 솜씨를 보이게 된다. 이들에 의해서 궁중 음식은 일반인
> 들의 요리상에 오르게 되며 원래의 모습에서 변하는 시기를 거치는데, 이때
> 구절판은 화려하고 신기한 음식으로 등장한다.

화사함을 즐기는 음식 | 구절판

구절판은 아홉 칸으로 나뉜 팔각 목기로, 가운데를 중심으로 둘레에 8개의 작은 목기들이 담겨 있고, 옻칠을 하거나 산수화 등을 화려하게 자개로 박아 만든 그릇이다. 뚜껑을 열었을 때 가운데에 하얀 밀전병을 놓고 주변에 8가지의 색을 둘러 하나의 조형을 이룬 음식 모양은 감탄을 자아낸다. 먹을 때는 얇은 밀전병에 각기 다른 색의 재료를 싸서 먹어 한국적인 진수를 느낄 수 있게 한다.

'9'라는 숫자는 모든 것을 갖추고 있다는 완전함을 뜻하며, 조선 왕조 말기에 임금님에게 진상하는 각종 토산품 모두를 바친다는 뜻의 '9합(九合)'이라는 표현도 구절판과 전혀 무관한 것 같지 않다.

1930년대 이전까지는 조리법이 문헌에 보이지 않는데 이후 『조선요리법』, 『조선요리학』, 『이조궁정요리통고』 등의 조리서에 손님 접대용 음식으로 등장하기 시작하였고, 1960년대 신문 지상에 잔치 음식으로 소개되며 널리 알려지게 되었다.

색구절판(색밀쌈)

재료 및 분량

쇠고기(우둔살) 100g, 표고버섯 5개(중, 25g),
오이 4토막(4cm, 200g), 소금 ⅓작은술,
당근 2토막(4cm, 100g), 숙주 150g, 석이버섯 20g
(불린 후 50g), 달걀 3개, 식용유 2작은술

고기·표고버섯 양념 간장 1 ½큰술, 설탕 ⅔큰술,
다진 파 2작은술, 다진 마늘 1작은술, 참기름 2작은술,
깨소금 2작은술, 후춧가루 약간

당근·숙주·석이버섯 양념 소금 ½작은술,
참기름 ½작은술

밀전병 반죽 밀가루 2컵(200g), 소금 1 작은술,
물 2¼ 컵(450mL)

색 재료 백년초 가루 ⅓작은술, 승검초 가루 ⅓작은술,
석이버섯 가루 ⅓작은술, 치자물 ½큰술(치자 1개,
물 3큰술)

겨자장 겨잣가루 4큰술(20g), 물 2큰술, 식초 1큰술,
설탕 1큰술, 소금 1작은술, 간장 1작은술, 물 1큰술

재료

준비하기

1 쇠고기는 결을 따라 5cm 길이로 가늘게 채 썰고,
  표고버섯은 찬물에 2시간 동안 불려서 물기를
  제거하고 기둥을 뗀 후 얇게 저며 곱게 채 썬다.

2 오이는 4cm 길이로 토막을 내어 돌려 가면서 얇게
  벗겨서 가늘게 채 썰어 소금 ½작은술에 절여서
  물기를 꼭 짠다.

3 당근은 4cm 길이로 가늘게 채 썰어 끓는 물에 2분
  동안 데친 다음 찬물에 헹궈 물기를 빼놓는다. 숙주는
  머리와 꼬리를 뗀 후 끓는 물에 3분 동안 데친 다음
  찬물에 헹궈 물기를 빼놓는다.

4 석이버섯은 뜨거운 물에 불려서 손으로 비벼 말끔히
  씻은 후 겹쳐서 말아 가늘게 채썬다.

5 달걀은 황백으로 나누어 소금 ¼작은술을 각각 넣고
  잘 풀어서 달군 팬에 식용유를 두르고 약한 불에
  지단을 얇게 부친다.

6 고기·표고버섯 양념장을 만든다.

7 밀전병은 밀가루에 소금을 넣고 물을 조금씩 부어
  가며 묽게 풀어서 고운체에 걸러 1시간 동안 둔다.

8 색 밀전병에는 백년초 가루·승검초 가루·석이
  가루에 각각 1작은술의 물을 풀어 반죽에 섞고,
  치자물은 그대로 섞어 홍색·녹색·검은색·노란색
  반죽을 만든다.

9 팬에 식용유를 얇게 바르고 동그란 숟가락으로
  반죽을 한 숟가락(15mL)씩 떠서 놓고 지름 7~8cm가
  되도록 수저로 둥글게 돌리며 얇게 편다. 말갛게
  익으면 뒤집어 익힌 후 채반에 얹어 식힌다.

2

7

8

9

10 쇠고기와 표고버섯은 준비한 양념장으로 나누어
무쳐 팬을 달군 후 중간 불에 각각 볶아 낸다.

11 채소 중 당근, 오이는 달군 팬에 식용유를
½작은술씩 두르고 센 불에 각각 볶고,
숙주·석이버섯은 소금, 참기름을 섞어 나누어
무친다.

12 황백 지단은 4cm 길이로 가늘게 채로 썬다.

13 완전히 식은 밀전병을 겹쳐서 가운데에 담고
가장자리에 8가지 재료를 같은 색끼리 마주 보도록
담는다.

14 먹을 때는 밀전병에 준비한 8가지 재료를 놓고
겨자장을 조금 넣어 싸서 먹는다.

● 구절판이 없어도 하얀색 도자기 접시에 담을 수 있다.

10, 11

12

● **겨자장 만들기**

겨잣가루와 물을 넣어 되직
하게 개어서 김이 오른 냄비
에 뚜껑을 덮고 그 위에 엎어
불린다(약 2시간). 겉이 마르
면 뜨거운 물을 부어 3분 동
안 떫은맛을 우려낸 후 그
물은 따라 버리고, 분량의 식
초·설탕·소금·간장·물을
섞어 완성한다.

구절판에 응용할 수 있는 재료

구절판은 8가지 각기 다른 재료를 먹기 좋게 요리하여 밀전병에 싸서 먹는 요리이다. 아주 다양한 재료로 만들 수 있는데 양파, 무, 죽순, 게맛살, 목이버섯, 더덕, 새우, 전복 등 활용할 수 있는 재료는 무궁무진하다. 색이 고운 파프리카의 즙을 밀가루 반죽에 섞어 밀전병 색을 낼 수 있다. 이밖에 시금치, 파슬리, 검은깨, 비트 등도 밀전병 색을 내는 좋은 재료이다.

구절판 응용 재료

밀전병에 색을 내는 재료

구절판을 다르게 담는 법

일일이 싸서 먹기 어려울 때는 미리 모든 재료들을 밀전병에 놓고 말아 짧은 꼬치로 고정하여 접시에 담아도 좋다. 겨자장은 작은 그릇에 담아 따로 곁들인다.

궁중의 주방과 숙수

드라마 〈대장금〉에서 숙설소(熟設所)라는 임시로 만든 야외 주방에서 숙수들이 연회음식을 만들었다.

식에 속하는 떡·생과·숙실과·차·조과·화채·죽 등을 만드는 곳이다. 소주방은 화재의 염려가 있으므로 대전, 왕비전, 세자궁 등 침전에서 떨어진 곳에 배치하였다. 침전 가까이에는 퇴선간(退膳間)이 있어 그곳에서는 밥을 짓고 소주방에서 만들어 내온 음식 중에 국이나 구이 등을 다시 데워 상을 차리는 중간 부엌의 역할을 하였다. 또한 상을 차릴 때 필요한 그릇, 화로, 상 등을 관장하였다.

궁중의 연회 때에는 많은 음식을 장만하기 때문에 임시로 가가(假家)를 지어 주방을 설치하는데, 이를 숙설소(熟設所)라고 한다. 숙설소에는 40~50명의 숙수가 배치되어 잔치음식을 담당하였다.

궁중의 주방

임금의 수라와 궁중의 잔치 음식을 준비하던 궁중의 부엌을 소주방(燒廚房)이라고 한다. 소주방은 내소주방과 외소주방, 생물방(생과방)으로 나뉜다. 내소주방은 왕과 왕비의 평상시 조석 수라상과 낮것의 주식에 올리는 각종 찬품을 만드는 곳, 외소주방은 주로 궁중의 크고 작은 잔치·차례·고사 때 필요한 음식을 만드는 곳이며 생과방은 평상시 조석 식사인 수라 이외에 후

궁중의 전문조리사 숙수

대전, 왕비전, 세자궁, 문소전(태조의 사당) 등의 수라간에서 복무하는 노비를 궐내각차비((闕內各差備)라 불렀는데, 이들은 세습적으로 조리를 직업으로 하는 전문가들이었다. 이들은 사옹원 차비노, 사옹원 숙수(熟手), 숙수노(熟手奴) 등으로 불렸다. 『경국대전』에 의하면 궐내각차비는 문소전, 대전, 왕비전, 세자궁에 모두 16가지 직종, 354명이 소속되어 있었다. 이들 숙수는 궐로 출퇴근할 때 출입증명서에 해당하는 신

70세 이상 된 노모를 모신 재신들이 잔치를 벌이는 모습을 그린 다섯 폭의 기록화인 '선묘조제재경수연도(宣廟朝諸宰慶壽宴圖)'(1605)에 숙설소와 숙수들의 모습이 잘 나타나 있다.

부(信符)를 패용하였다. 숙수는 조리를 지휘하는 반감(飯監)과 그 외 분야별 숙수인 색장(色掌)으로 구분되었으며 숙수들 외에 조리를 보조하는 차비노도 있었다.

수라간 반감과 각 색장은 사옹원 잡직으로 승진할 수 있었다. 사옹원 잡직의 관직명은 재부, 선부, 조부, 임부, 팽부 등으로 관명의 재(宰), 선(膳), 조(調), 임(飪), 팽(烹)은 모두 조리와 관련된 글자들이다.

숙수 및 조리 보조 차비노들의 업무 분장

	담당자	담당 업무
숙수 (반감+색장)	반감(飯監)	조리 지휘
	별사옹(別司饔)	육류 요리
	탕수색(湯水色)	물 끓이기
	상배색(床排色)	상 차리기
	적색(炙色)	생선 요리
	반공(飯工)	밥 짓기
	포장(泡匠)	두부 제조
	주색(酒色)	술 담당
	다색(茶色)	차 담당
	병공(餠工)	떡 제조
	증색(蒸色)	음식 찌기
기타	등촉색(燈燭色)	등, 촛불 관리
	성상(城上)	그릇 간수
	수복(守僕)	소제
	수공(水工)	물 긷기
	별감(別監)	청소로 추정

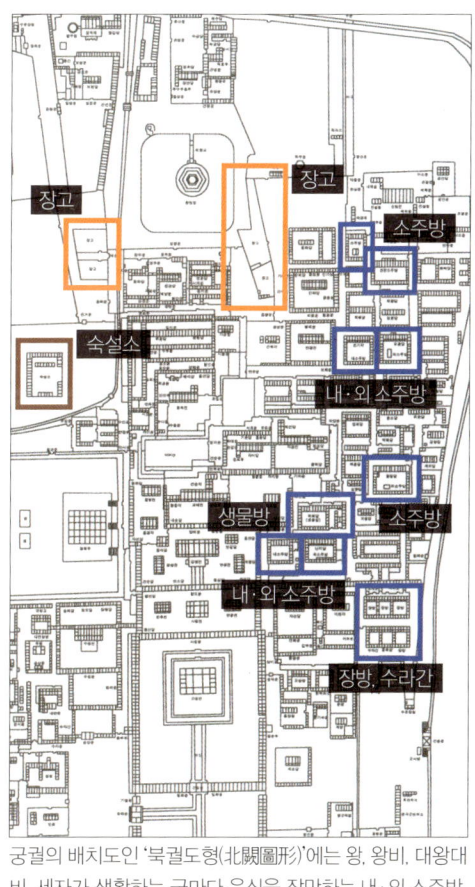

궁궐의 배치도인 '북궐도형(北闕圖形)'에는 왕, 왕비, 대왕대비, 세자가 생활하는 궁마다 음식을 장만하는 내·외 소주방, 수라간, 생물방(생과방)이 보인다.

155

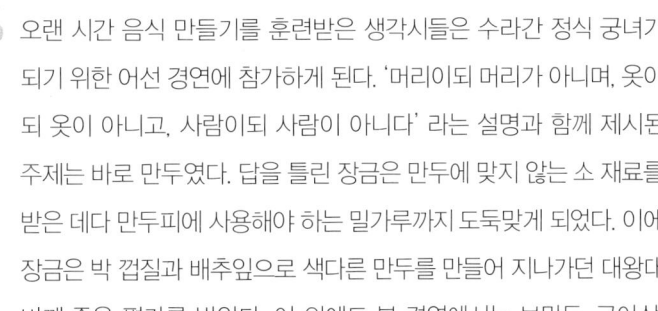

규아상과 어만두

수라상궁이 되기 위한 어선경연

> " 오랜 시간 음식 만들기를 훈련받은 생각시들은 수라간 정식 궁녀가 되기 위한 어선 경연에 참가하게 된다. '머리이되 머리가 아니며, 옷이 되 옷이 아니고, 사람이되 사람이 아니다' 라는 설명과 함께 제시된 주제는 바로 만두였다. 답을 틀린 장금은 만두에 맞지 않는 소 재료를 받은 데다 만두피에 사용해야 하는 밀가루까지 도둑맞게 되었다. 이에 장금은 박 껍질과 배추잎으로 색다른 만두를 만들어 지나가던 대왕대비께 좋은 평가를 받았다. 이 외에도 본 경연에서는 보만두, 규아상, 편수 등 당시의 다양한 만두가 등장한다. "

다양한 속재료와 모양 | 만두

만두는 본래 중국의 산둥(山東) 지방을 통하여 수입된 데다 메밀이나 밀이 북쪽 지방에서 많이 재배되었으므로 평안도 지방에서 발달하였다. 개성 지방의 편수는 지금도 향토 음식으로 유명하다. 특히 의궤에 보면 만두의 종류가 많이 나타나는데, 그중에 지금까지 알려져서 전해지는 만두로는 어만두, 규아상, 편수 그리고 병시 등이다.

한국인들은 만두를 매우 즐긴다. 밀가루 반죽뿐만 아니라 피가 될 수 있는 생선 · 채소 · 내장에 소를 넣고, 주미니처럼 만들어 먹는데 그에는 복 받기를 기원하는 바람이 들어 있다. 그래서 정월이면 밥보다 만둣국을 만들어 손님과 가족이 푸짐하게 먹고, 경사스러운 날 잔치 음식에도 쓴다. 이처럼 여러 가지 재료를 영양적으로 배합하여 쉽게 먹을 수 있는 간편한 음식으로 계속 즐겨 왔다.

규아상

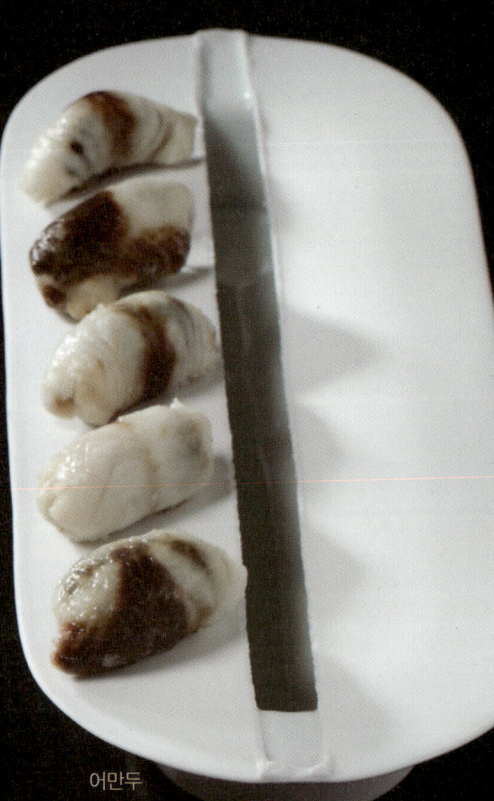

어만두

규아상(미만두)

재료 및 분량

만두피 밀가루 2컵(400g), 소금 1작은술, 물 6큰술

소 쇠고기(다진 것) 80g, 표고버섯 2개(10g),
오이 3개(700g), 소금 2작은술, 잣 1큰술,
식용유 ½작은술

고기 양념 간장 1큰술, 설탕 ½작은술, 다진 파 2작은술,
다진 마늘 1작은술, 깨소금 1작은술, 참기름 1작은술,
후춧가루 약간

초간장 간장 1큰술, 식초 1큰술, 설탕 ½큰술, 물 1큰술
장식용 푸른잎 약 20장

준비하기

1 밀가루에 소금물을 넣고 한 덩이가 되도록 반죽하여
   30분 정도 젖은 보로 싸두었다가, 끈기가 나게 한참
   치댄 후 얇게 밀어서 지름 8cm의 둥근 모양으로
   만두피를 만든다.

2 표고버섯은 찬물에 2시간 동안 불려서 물기를 빼고
   가늘게 채로 썰어 다진 쇠고기와 합한다.

3 오이는 3cm 길이로 토막 내어 가운데 씨 부분을
   남기고 껍질과 살을 돌려 깎아 채로 썬다. 오이채를
   소금에 10분 동인 질었디기 물기를 짠다.

만들기

4 고기와 표고버섯은 고기 양념으로 무쳐 중간 불에
   고기가 익을 때까지 볶아 낸다.

5 오이는 팬에 식용유 ½작은술을 두르고 센 불에
   재빨리 볶아 식힌다.

6 볶은 재료들을 합하여 만두소를 만든다.

7 만두피의 가운데에 소를 갸름하게 한 숟가락 놓고
   잣을 한 알씩 올린 다음 피 가장자리 부분에 물을 발라
   반 접은 후 양 손가락으로 주름이 자연스럽게
   잡히도록 오므리며 빚는다.

8 김이 오른 찜통에 젖은 면보를 깐 후 만두를 겹치지
   않게 놓고 10분 동안 찐다. 중간에 물을 살짝 뿌린다.

9 푸른 잎을 접시에 깔고 쪄낸 만두를 위에 놓고,
   초간장을 곁들인다.

재료

4, 5

7

7

어만두

재료 및 분량

숭어 살 1마리분(400g), 녹말 ½컵

생선 밑간 소금 1작은술, 청주 2작은술,
생강즙 ½작은술, 흰 후춧가루 약간

소 쇠고기(다진 것) 100g, 목이버섯 3장
(10g, 불린 후 70g), 숙주 80g, 소금 1작은술

고기 양념 간장 1큰술, 설탕 ½큰술, 다진 파 2작은술,
다진 마늘 1작은술, 깨소금 1작은술, 참기름 1작은술,
후춧가루 약간

초간장 간장 2큰술, 식초 2큰술, 물 2큰술, 설탕 1큰술,
잣가루 약간

준비하기

1 숭어 살은 칼을 뉘어 손바닥 반만 한 크기로 얇게 포를
뜬 후 생선 밑간 재료를 섞어 뿌린다.

2 목이버섯은 뜨거운 물에 담가 5분 동안 불려서
이물질을 제거하고 한 잎씩 떼어 곱게 채로 썬다.

3 숙주는 끓는 물에 3분 동안 데쳐 찬물에 헹군 후 송송
썰어 물기를 짠다.

만들기

4 채 썬 목이버섯과 쇠고기를 합하여 고기 양념을 하고
중간 불에 고기가 익을 때까지 볶는다.

5 볶은 재료와 숙주를 합하여 소를 만든다.

6 밑간한 생선에 생긴 물기를 닦고, 생선 한 면에
녹말을 묻혀 준비한 소를 한 큰술씩 떠놓고 한 덩이가
되도록 뭉친다. 마른 녹말을 묻히면서 꼭꼭 쥐어 만두
모양을 만든다.

7 김이 오른 찜통에 젖은 면보를 깔고 생선이 투명하게
될 때까지 약 10분간 찐다.

8 손에 물을 묻히며 어만두를 꺼내어 식힌 후 그릇에
담고 초간장을 곁들인다.

재료

1

1

6

6

어만두, 규아상부터 화려한 구절판, 신선로, 갈비찜에 이르기까지 궁중 연회와 수라상에 빠질 수 없는 요리로 채운 상차림.

상화(想花)에서 만두로 변천

드라마 〈대장금〉에서 수라간 정식 궁녀를 뽑는 만두 경연 대회 모습.

방문』(17세기 말)에도 언급된다. 특히 『음식디미방』에는 메밀가루로 풀을 쑤어서 반죽하여 만두피를 만드는 방법뿐 아니라 오이와 함께 표고버섯, 석이버섯을 가늘게 썰어 넣고 만드는 수교의, 숭어를 만두피로 사용한 어만두 등 다양한 만두 조리법이 소개되어 있다.

고려 시대부터 먹은 만두

만두는 메밀가루나 밀가루를 반죽하여 소를 넣고 빚어 삶거나 찐 음식이다. 중국에서 전해진 음식으로 전래 시기는 정확히 알 수 없으나, 『고려사』에 충혜왕 5년(1343)에 궁의 주방[內廚]에 들어가서 만두를 훔쳐 먹는 자를 처벌하였다는 기록이 나오는 것으로 미루어 보면, 고려 시대에 이미 만두를 먹었음을 알 수 있다. 또 고려 가요인 '쌍화점(雙花店)'에 나오는 '쌍화'가 밀가루를 발효시켜 소를 넣고 찐 음식임을 생각하면 당시에 이미 만두가 대중적인 음식이었던 것으로 추측된다.

조선 시대에 이르면 만두는 완전히 토착화하여 최초의 한글 조리서인 『음식디미방』(1670)이나 유중림의 『증보산림경제』(1766), 허균의 『도문대작』(1611) 작자 미상의 또 다른 한글 조리서인 『주

드라마에서 금영이 빚은 보만두는 『조선무쌍신식요리제법』(1924), 장금이 만든 숭채만두는 『증보산림경제』(1766)에 소개된 것을 바탕으로 한 것이다.

궁중의궤에 나오는 만두의 종류는 육만두, 어만두, 골만두(骨饅頭), 양만두, 천엽만두, 생치(꿩)만두, 생합만두, 병시(餠匙), 침채만두, 동아만두 등으로 매우 다양하다.

밀가루를 발효시켜 만두피를 만드는 방식의 만두는 중국에서 전래하여 고려 시대에는 상화(想花)라는 이름으로 불렸으나 조선 왕조의 궁중 연회 의궤에는 등장하지 않는다. 그러나 중국에서 온 사신을 대접하는 잔치기록인 1643년의 『영접도감의궤』에는 상화가 나오며, 1867년 편찬된 『육전조례』에도 "상화는 그 모양과 성질이 중국인의 기호에 맞는 관계로 중국 사신이 오면 그들을 대접하는 데 썼다."라고 기록되어 있다.

드라마 〈대장금〉에 소개된 밀가루를 쓰지 않고 만든 숭채만두와 박만두.

『음식디미방』 레시피를 재현한 메밀만두, 상화, 수교의.

또 문헌에는 등장하지 않으나 궁중의 여름 만두로 조선조의 마지막 주방상궁인 한희순 상궁이 전수해 준 규아상이 있다. 해삼 모양을 닮았다고 해서 해삼의 옛말인 '미' 자를 붙여 미만두라고도 한다. 오이, 표고버섯, 쇠고기를 넣고 해삼 모양으로 빚어 찜통 밑에 담쟁이 잎을 깔고 쪄서 조리한다.

밀만두·어만두 등 각양각색

만두는 피의 재료, 소의 재료, 조리법 및 빚는 모양에 따라 종류가 다양하다. 밀만두·어만두·메밀만두는 피의 종류에 따라, 호박만두·고기만두·버섯만두·김치만두는 소의 종류에 따라 나눈 것이다. 빚는 모양에 따라 세모 모양으로 빚는 변씨만두, 해삼 모양으로 빚는 규아상, 작은 만두 여러 개를 싸서 만든 보만두가 있다.

지금은 밀가루가 흔해져서 만두피를 밀가루로 만드는 것으로 아는 경우가 많으나, 예전에는 굉장히 귀한 식재료였다. 그 예로 어선 경연을 준비하던 장금이 진가루(밀가루)를 잃어버리고 당황하는 에피소드가 나오는데, 밀가루를 의미하는 단어인 진말(眞末)의 진(眞)은 참기름을 뜻하는 진유(眞油), 준치를 일컫는 진미(眞味)에서처럼 귀한 음식을 수식하는 한자였다는 사실을 통해서도 알 수 있다. 송나라의 사신 서긍(徐兢, 1091~1153)이 1123년에 고려를 방문하여 보고 들은 것을 기록한 보고서인 『고려도경』에도 "고려에는 밀이 부족하여 중국에서 사들여 오므로 면의 값은 매우 비싸다. 그러므로 성찬이 아니면 쓰지 않는다."라는 구절이 나온다.

Index

참고문헌

고문헌

간보(干寶). (중국육조시대). 『수신기』. 중국지괴소설.

김수 원저. (1540년경). 『수운잡방』.

빙허각이씨 원저. (1815년경). 『규합총서』. 고려대 본.

서유구. (1800년대 초). 『옹희잡지』.

서유구. (1827). 『임원십육지』 정조지.

성협. (19세기). 『풍속화첩 중 '야연'』. 국립중앙박물관 소장.

안동장씨 원저. (1670년대). 『음식디미방』.

유득공. (1700년대). 『경도잡지』.

유몽인. (1622년경). 『어우야담』.

이용기. (1924). 『조선무쌍신식요리제법』. 영창서관.

이시필. (1740년대). 『소문사설』.

작자미상. (1759). 『영조정순왕후 가례도감의궤 중 '반차도'』.
국립중앙박물관 소장.

작자미상. (1800년대 말). 『시의전서』.

작자미상. (1828~1830 추정). 『동궐도』.
고려대학교 박물관 소장.

작자미상. (1896). 『규곤요람』.

장지연. (1909). 『만국사물기원역사』. 황성신문사.

전순의 원저. (1450 추정). 『산가요록』.

조영석. (1726). 『사제첩 중 '채유'』.

최남선. (1943). 『고사통』. 삼중당서점.

최항, 노사신, 강희맹 등. (1476). 『경국대전』.

한희순, 황혜성, 이혜경. (1957). 『이조궁정요리통고』. 학총사.

홍석모. (1849). 『동국세시기』.

『고종 무진년 진찬의궤』 (1868_고종5). 장서각 소장.

『고종 정해년 진찬의궤』(1887_고종24). 장서각 소장.

『원행을묘정리의궤』(1797_정조21). 서울대학교 규장각 소장.

『헌종 무신년 진찬의궤』(1848_헌종14). 장서각 소장.

『조선왕조실록』(중종실록 영인본 15, 16, 19책).

『천만세 동궁마마관례시 사찬상 발기』. (1882). 한국학중앙연구원 소장.

단행본

빙허각이씨 원저, 정양완 역주. (1986).
『규합총서』. 보진재.

황혜성. (2000). 『한국음식대관(제6권)』.
한국문화재보호재단.

한복려 역. (2007). 『다시 보고 배우는 산가요록』.
궁중음식연구원.

한복려 외 역주, 황혜성 감수. (2000). 『다시 보고 배우는 음식디미방』(영인본−해설편). 궁중음식연구원.

한복려, 한복진. (2013). 『한국인의 장』. 교문사.

한복려. (2014). 『황혜성·한복려·정길자의 대를 이은
조선왕조 궁중음식』. 궁중음식연구원.

한복진, 한복려, 황혜성 감수. (1998).
『우리가 정말 알아야 할 우리음식 백가지 1』. 현암사.

한복진, 한복려, 황혜성 감수. (1998).
『우리가 정말 알아야 할 우리음식 백가지 2』. 현암사.

한복진. (2013). 『조선시대 궁중의 식생활문화』.
서울대학교출판문화원.

한식진흥원. (2014). 『조선 왕실의 식탁』. 한림출판사.

한식문화총서 5

대장금의 궁중상차림

초판 1쇄 발행 2015년 4월
재판 2쇄 발행 2019년 7월

발행인 임상백
기획 KFPI 한식진흥원

글 & 음식 한복려(궁중음식연구원)　**프로젝트매니저** 이소영(궁중음식연구원)
음식제작 임종연, 최순아, 정이슬(궁중음식연구원)

편집 이은숙, 정연주(미디어컴퍼니 쿠켄)　**디자인** 이진우　**사진** 박태신(studio 416)
스타일링 양은숙(studio bob)　**교정교열** 김종현, 황정연
도움주신 분 이영애(배우), (주)문화방송, 고희숙·김선미·이창화(도예가), 화소반, 진관사, 창덕궁

펴낸곳 한림출판사

주소 서울 종로구 종로12길 15
전화 02-735-7551~4　**전송** 02-730-5149
전자우편 hollym@hollym.co.kr　**홈페이지** www.hollym.co.kr

ISBN 978-89-7094-616-0 13910